战略法则

人工智能时代
企业与个人的制胜之道

THE 22 LAWS OF STRATEGY

钱竑 著

企业管理出版社
ENTERPRISE MANAGEMENT PUBLISHING HOUSE

图书在版编目（CIP）数据

战略法则：人工智能时代企业与个人的制胜之道 / 钱竑著 . -- 北京：企业管理出版社，2022.12
ISBN 978-7-5164-2736-1

Ⅰ.①战… Ⅱ.①钱… Ⅲ.①战略管理 Ⅳ.① C931.2

中国版本图书馆 CIP 数据核字 (2022) 第 206118 号

书　　名：	战略法则：人工智能时代企业与个人的制胜之道
作　　者：	钱　竑
书　　号：	ISBN 978-7-5164-2736-1
责任编辑：	郑小希　尚　尉
出版发行：	企业管理出版社
经　　销：	新华书店
地　　址：	北京市海淀区紫竹院南路17号　邮　编：100048
网　　址：	http://www.emph.cn　电子信箱：qiguan1961@163.com
电　　话：	编辑部（010）68414643　发行部（010）68701816
印　　刷：	三河市东方印刷有限公司
版　　次：	2023年4月 第1版
印　　次：	2023年4月 第1次印刷
开　　本：	880mm×1230mm　1/32
印　　张：	9.125印张
字　　数：	206千字
定　　价：	80.00元

版权所有　翻印必究 · 印装有误　负责调换

专家推荐

从来没有什么现世的安稳。无论公司身处任何发展阶段，不革新则颓废或灭亡。因此，我很赞同这本书中长跳法则的表述：当环境动荡复杂，企业应该进行长跳创新；否则，很有可能被困在局部最优而无法登顶。

王怀南，宝宝树（BabyTree），米茶公社（响午品牌）创始人

人拥有独立思考的能力非常重要。独立思考能力的基础是具有批判性思维的精神和习惯。《战略法则》这本书并没有简单重复我们已知的东西。作为理论物理专业的毕业生，我尤其喜欢书中关于第一性原理在战略规划中的应用和补充。

张向宁，中国万网创始人，青怡投资创始合伙人

做任何事,都要与高手同行。钱竑这本《战略法则》以多位欧美战略管理大咖的英文论文为基础,为中国读者介绍了许多让人耳目一新的观点。精简归纳的法则更为企业家规划战略打开了一扇窗。

陶建辉,涛思数据创始人,无线互联网专家

企业无论大小,战略管理永远是企业发展最重要却也最困难的主题之一。时代在变,商业节奏在加快,战略管理的要求也自然越来越高,需要与时俱进。钱竑老师梳理的战略管理22条法则,值得我们共同学习。

王求乐(Albert),名川资本创始合伙人

无论你喜欢不喜欢,人工智能将取代众多低维度的职业岗位,甚至于CEO都需要学习借助AI进行战略规划。《战略法则》不单为我们归纳了面向AI时代的22条战略法则,还是一本个人对冲未来风险的指南。

王华(Fred Wong),对冲基金香港易方资本(eFusion)创始人,CFA

序言

扪心自问，人为什么活着？

仔细想来，如果能把上帝赐予自己的潜力发挥到极致，一辈子就算没有白过。这可没有那么容易。

生活中，我们总能看到一些人在磕磕绊绊中错失机遇，浪费了自己的天赋。有的人选择了不适合的专业，前途黯淡的职业；有的人去了没有发展的公司，缺乏机会的城市。在关键时点，他们因错误的选择，抱憾终生，在人生的十字路口与幸运女神擦肩而过。思考、努力却无法让生活有丝毫的改变。究其原因，是因果律。

"长期成功是有路径依赖的。过去种下的因结出如今的果。公司与公司，人与人的境遇差别巨大，很大一部分原因在于长周期下的资源积累不同"（见本书第1章）。未来的成功或失败取决于现在的资源、能力与战略。因此，一家公司或一个人最佳的战略规划开始时间是未诞生之日。

资源是一切战略分析的起点。我们习惯于比较公司的市值和个人的资产及收入，但却在战略规划时常常忘记"资源"这个词。内外评估（本书第2章）的目的是实现收入和资源的持续扩张。"扩张的本质就是能不断获得超过机会成本的收入，而这对大多数人来说非常困难"（本书第3章）。因此，要让时间站在自己一边。在长周期下，做时间的朋友（本书第4章），把握真正的趋势（本书第5章）。

尽管大多数普通读者都能从这些法则中感悟到人生规划的要义，但这本书讲的是战略，本质上是写给创始人、投资人和公司高管的。因此，内容不可能脱离产品和资源市场、供给和需求分析（本书第6章），以及聪明的博弈（本书第7章）。适者生存，商业竞争与人生角逐考量的是不断进化的能力（本书第8章）。公司在波诡云谲的商场上，或开发收购或出售剥离（本书第9和第10章），纵横捭阖的战略规划离不开软实力（本书第11章）和量化筹算（本书第12章）。

铺陈了战略规划的基础，组织才是战略执行的保证。企业需要合适的组织结构去匹配策略，适应环境。如何识别有效率，适应度高的组织形式涉及种群生态学（本书第13章）和复杂性科学（本书第14和15章）的范畴。一家公司的组织架构反映了这家企业对未来趋势的判断和假设。善于把握趋势的公司更容易成功；同样，善于识别公司把握机会的人更容易发达。"好风

序 言

凭借力，送我上青云"。

不过，归根结底，组织的核心要素是人。卓越的领导（本书第16至21章）能把人才有效地组织起来，完成对资源的优化配置，面向未来（本书第22章），创造更多的价值。诸葛亮说，"将之器，其用大小不同。""四海之内，视如室家，此天下之将。"成为或者跟随不同的领导，命运完全不同。

越早理解这些战略法则，时间成本越低，越有机会规划和跨越现实与目标之间的路径。目前市面上有关战略的书籍，要么是公司战略这类教材，要么是迈克尔·波特的《竞争战略》和《竞争优势》。对于战略定位学派之外的发展情况介绍不多。大部分人还把战略理解为长期的，全局性的谋略和设计。其实，现代战略学以战略资源理论RBV、附加价值理论added value approach和战略定位为主流，还涉及分析需求端战略影响的需求分析理论demand based perspective和动态能力理论dynamic capabilities等很多不同观点。由于战略管理属于交叉学科，广泛涵盖了认知心理学、博弈论、生物学、种群生态学、复杂性科学和计算机科学等领域，因此要想了解战略的最新发展需要关注英文论文。

此外，由于很少有普及性的作品问世，很多战略专家并未广为中国读者所知。比如，哈佛商学院的Jan W. Rivkin、宾夕法尼亚大学沃顿商学院的Daniel A. Levinthal和Nicolaj Siggelkow、纽约大学 Stern 商学院的 Adam Brandenburger、哥伦比亚大学的 Harborne W. Stuart Jr.、犹他大学 David Eccles 商学院的 Jay Barney、MIT 斯隆商学院的 Birger Wernerfelt、INSEAD 的 Peter Zemsky、加州大学伯克利分校哈斯商学院的 David J. Teece、加州大学洛杉矶分校 Anderson 管理学院的 Bill Mckelvey 和多伦多大学的 Michael D. Ryall 等等。这本书中的二十二条战略法则绝大部分来源于他们的论文和实验。

由于这些论文几乎全部涉及数学模型，读起来十分艰涩。尽管经过简化并剔除大量公式，这本书要想完全吃透仍不轻松。书中并没有对论述公司战略的所有专业名词进行详细解释。我假设读者了解它们的含义。这可能犯了一个基本的认知偏差"知识的诅咒"（第21章具体介绍）。权衡再三，我还是决定不把所有的基础概念一一阐述，以控制篇幅和节奏。这使得本书的整体风格略偏硬核。我希望读者能够明白专业书籍与口水书的区别。世界上最危险的书是让人以为懂了，其实只看到皮毛。书不要大而全，最好能让这个领域最优秀的专业人士把本质说透。有些章节虽然含有部分数学内容，不过，并不难。只要具有一定的经济学和概率学基础就能理解。就算一时看不懂，也不要放弃。走出自己的舒适区，搜索相关资料，在不懂的地方反复看，总能慢慢领悟。这也是我阅读论文的体会。由于本人才疏学浅，难免会有遗漏之处，建议专业人士在阅读时利用原始文献加以参考。对于错误之处，也请读者朋友批评指正。

如果您是一位普通职场人士或者热切期望提前为子女规划未来的父母，我建议的阅读顺序是从个人未来规划指南部分开始，再针对有兴趣的公司战略部分进行深度阅读。这是给非专业人士的推荐。

愚人以代价换经验，而智者则借鉴他人（Fools learn from experience. I prefer to learn from the experience of others）。阅读本书除了能一窥国际上战略研究的发展，还能加深对第一性原理、吉布拉定律、同态定律和认知偏差的理解，掌握如何判断人，跟对人的七种武器。更重要的是，希望通过这本小书提升你看透战略本质的能力，尽早开始规划。**一个能管理好生活的人，才能管理好企业；反之亦然。**

写书的目的在于促进思考。努力让自己在日常决策中，将思考的周期拉长，厘清现在对未来的意义。"风物长宜放眼量"，长视才是成功者的通行证。可惜的是，大部分战略书籍对创新型企业和普通职场人并没有什么实际的帮助。这主要有以下两个原因。

其一，由于无法确认案例发生的前提条件和眼前发展变化的环境是否类似，是否适用，这使许多战略案例显得大而空泛，与人们的工作和生活脱节。

其二，如果不能精炼到简单的法则，人们记不住，也无法在小型组织与个人规划中应用复杂的模型和流程框架。

因此，很多人错误地认为战略是大公司或者少数领导的事，与小企业或个人的发展关系不大。事实真的如此吗？

这本书的第一个读者是我的儿子Evan。他只有8岁。虽然还完全无法理解什么是战略，但他清楚地知道一点，如果今天不积攒下足够的零花钱和绞尽脑汁获得奖励，那就不可能得到他想要的东西，或者满足自己未来更大的愿望。我想他的直觉大概是对的。

相信这本书适合每一个爱思考的人。

钱　竑

2022年9月

目录

第1章 资源法则 ······················ 1

 战略的根本基础 ······················ 2

 获取资源的关键 ······················ 5

 [个人未来规划指南] ·················· 7

第2章 评估法则 ······················ 11

 战略分析的起点 ······················ 12

 自身资源的评估 ······················ 15

 [个人未来规划指南] ·················· 20

第3章 扩张法则 ······················ 25

 公司的持续扩张 ······················ 26

 扩张的战略管理 ······················ 29

 [个人未来规划指南] ·················· 31

第4章　时间法则 ·································· 35

第一性原理的真相 ····························· 36

奥卡姆剃刀时间法则 ··························· 38

［个人未来规划指南］······························ 41

第5章　趋势法则 ·································· 45

吉布拉定律之惑 ······························· 46

伪风口与创新难度 ····························· 49

［个人未来规划指南］······························ 52

第6章　析需法则 ·································· 55

两种技术战略模式 ····························· 56

需求端因子分析 ······························· 60

［个人未来规划指南］······························ 68

第7章　捕手法则 ·································· 73

价值与二阶博弈论 ····························· 74

超级捕手的秘密 ······························· 77

［个人未来规划指南］······························ 81

第8章　演化法则 ·································· 85

商业持续进化能力 ····························· 86

动态战略能力管理 ····························· 88

［个人未来规划指南］······························ 94

目 录

第9章 纵横法则 · 99
- 以建促买的策略 · 100
- 时间压缩不经济 · 104
- [个人未来规划指南] · 109

第10章 剥离法则 · 111
- 剥离的利益考量 · 112
- 要小心花车效应 · 116
- [个人未来规划指南] · 118

第11章 模糊法则 · 121
- 战略与因果模糊性 · 122
- 弱法则与软实力 · 125
- [个人未来规划指南] · 127

第12章 量化法则 · 131
- 显示偏好法略解 · 132
- 理解关键经营参数 · 136
- [个人未来规划指南] · 140

第13章 种群法则 · 143
- 种群与同态定律 · 144
- 不同的生存策略 · 149
- [个人未来规划指南] · 151

第14章 复杂性法则 155
NK模型与复杂性灾难 156
共同演化启示录 164
[个人未来规划指南] 169

第15章 模块化法则 173
解决复杂性的工具 174
过度模块化的危害 177
[个人未来规划指南] 179

第16章 城堡法则 181
勾勒城堡的素描 182
组织设计四要素 185
[个人未来规划指南] 190

第17章 破壁法则 193
《三体》与维度打击 194
新旧范式的转换 196
[个人未来规划指南] 198

第18章 长跳法则 201
局部与长跳适应 202
善于长跳的创新企业 205
[个人未来规划指南] 208

目 录

第 19 章　换马法则　213
一个互联网的案例　214
策略是时间的函数　217
［个人未来规划指南］　219

第 20 章　容错法则　223
稳定性决定死亡率　224
容错与风险控制　227
［个人未来规划指南］　232

第 21 章　权变法则　235
唯一不变的是变　236
模拟实验的启发　238
然而一切并未结束　241
［个人未来规划指南］　242

第 22 章　AI 化法则　255
AI 与多智能体　256
多智能体战略模拟　258
战略模拟的适用性　263
［个人未来规划指南］　266

参考文献　269

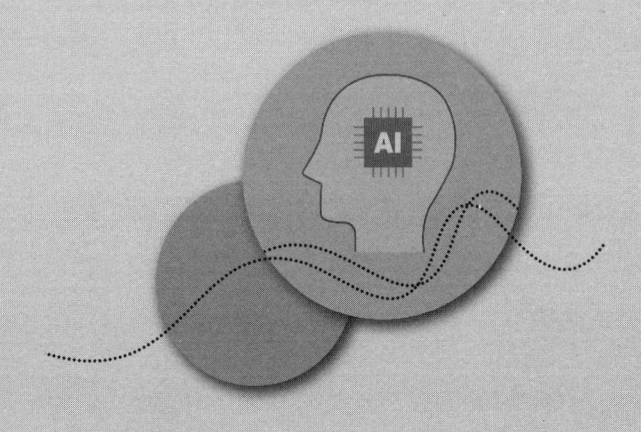

第1章
资源法则[1]

战略往往被认为是企业长期的，全局性的谋划。这个定义失之偏颇。产品和资源构成了战略分析矩阵的两个基本向量。只分析其中之一必然是片面的。我们强调资源属性是为了战略的真正落地。没有资源的配合，战略无法实现。理解产品—资源的特点并对其进行动态管理是战略的基础。

---

[1] WERNERFELT B: "A Resource-based View of the Firm", Strategic Management Journal 1984年第5卷。

战略的根本基础

谈商业论人生，人们常常把战略和模式挂在嘴边。然而，真正掌握潮流和规律的人寥寥无几。市场上充斥着大量鸡汤内容的经管读物，即便是企业家传记和针对知名公司的案例分析也未必能提供多少帮助。成功往往很难复制。

分析问题首先需要找到最根本的基础，英文里叫做base。

产品和资源就是战略的根本基础。两者互相验证策略的正确性，缺一不可。好的产品必须有好的资源去支撑；反之亦然。战略分析一定是在产品—资源两个向量构成的矩阵中进行的。两个向量互为因果。这犹如一枚硬币的两面。

失去了资源的支撑，产品的成功就成了无源之水，无本之木。

例如，很多企业会追求建立先发制人的优势。它们希望通过推出新产品或开发新技术获得市场领先地位；但先发策略要有进入障碍和独占性资源作为支撑。对竞争者施加进入障碍和资源获取障碍（resource position barrier），才能取得不错的效果。

当年，康师傅生产的"3+2苏打夹心"饼干风靡全国。产品的铺货率、陈列率和广告效果都非常好。这让很多人误以为苏打夹心饼干是康师傅首创的。其实，国内第一家生产同类商品的企业另有其人。康师傅凭借方便面和矿泉水在全国建立起了广泛的渠道网络、销售队伍和卓越的行销能力。资源的力量让康师傅迅速在苏打夹心这个品类里成为当之无愧的第一名。由于苏打夹心饼干并不是一个特别大的细分市场，康师傅迅速发起饱和攻击态势以阻止竞争。当时较大的对手，如纳贝斯克和达能，都没敢进入这一品类。康师傅因此获得了非常好的市场独占地位。二十多年过去的今天，市场上只能零星看到韩国Crown制果类似的进口货。同类产品绝无仅有。看来高手总是寂寞的。很多中小企业总想第一个试水新产品新技术。这样真的能成功吗？当他们遇到康师傅这样资源强大的对手，几乎没有胜算。

总之，战略必须和资源一起配合，才能产生最大的效果。

资源策略举隅

规模优势＋降低对手预期回报的阻遏策略。需要配合市场和产能资源壁垒。比如，滴滴和快滴合并后，规模优势巨大。这直接让Uber举手投降。与其做无谓的竞争，Uber不如出售中国业务并换取滴滴的股份来得划算。

倾斜的经验曲线＋低成本先发策略。需要配合专有技术knowhow资源。比如，特斯拉不间断地推进自动化工厂，一旦实现成本降低，就进行让利降价。这种策略确实让其他新能源车企非常头痛。特斯拉已经不是通过销售汽车来赚钱了。类似车轮上的苹果，特斯拉通过量产量贩建立生态，以便出售后续的软件和升级服务。如果新能源车企一味与之进行价格战，很难想象会有多好的结果。

客户忠诚＋领先优势策略。需要配合专利、政府许可等资源壁垒。比如，蔚来汽车定位豪华车型起家；独特的换电模式和高端客户服务让其走出了一条完全不同的路。换电应该是一个关键点。如果其差异化模式最终能在效率上胜出，那蔚来真的有未来。反之，则会陷入麻烦。

新产品＋技术领先策略。需要配合技术资源壁垒。新产品如果没有壁垒，会很快遇到品类杀手的阻击。小米素来擅长扮演品类杀手的角色；通过借鉴一些市场领先产品的成熟技术和设计，以性价比为利器切割对手市场份额。那些被小米击败的产品几乎没有什么资源保护。

获取资源的关键

产品的成功反过来会有助于进一步的资源累积。除了带来更多现金流，还可以帮助公司利用市场的互补性，低成本获取资源。例如，星巴克、麦当劳等一些大品牌商能以较低的租金，在购物中心获得良好的店面位置。低成本是获取战略资源的关键。

企业获取战略资源的方式分为两种：自建和收购。自建是专注于企业内部的自我投资与发展。收购并购是专注于外部的投资购买行为，又可分为资源型和产品型。资源型收购，其目的是获得及维持垄断地位。这里包括：横向型（supplementary）和纵向型（complementary）。也就是通常所说的横向一体化和纵向一体化。不同类型发挥的作用是不同的。横向一体化的目的是扩大规模，降低成本。纵向一体化的目的是加强对价值链和产销流程的控制。而产品型收购的目的更偏向产品导向，包括进入新市场等。

获取资源有两个目的：一是弥补短板的不足；二是发挥长板以获得更高的收益。但要获得高收益，就需要在创造价值的同时，分配更多的价值。一般来说，企业间的竞争性博弈决定了价值的产生；合作伙伴间的合作性博弈决定了价值的分配。这是二阶博弈理论。资源在这两类博弈中都起到了非常重要的作用。对此，我们以后会详细介绍。

获取资源要理解资源战略的本质。

首先，资源是一种战略力量，既能创造价值，也能分配价值。苹果公司以iPod、手机、电脑等硬体产品建立起来的生态为基础，在app商店里出售软件。由于良好的用户体验和封闭的操作系统，苹果为客户创造了高于对手的使用价值。这使得公司可以对那些app开发商收取高比例的抽成，俗称"苹果税"。

其次，资源战略要具有累积作用，从而在时间上保持领先地位。当下的优势资源是成功的必要不充分条件。如何不断地用低成本获取未来的优质资源更为重要。长期成功是有路径依赖的。过去种下的因结出如今的果。公司与公司，人与人的境遇差别巨大，很大一部分原因在于长周期下的资源积累不同。

因此，除了对现有资源进行静态分析，我们还要进行资源的动态管理。过程包括三个步骤：

1. 分析产品市场的资源依赖（sequential entry strategy）

根据利润最大化原则，公司会优先考虑进入匹配自身优势资源的产品市场，扩大优势。产品跟着资源走。但另一方面，如果未能权衡各种不同的战略方案，只关注自身已经具备的条件，可能会忽视一些重要的机会和威胁。

2. 建立资源组合（portfolios of resources）

强资源为弱资源提供支持或互补；现有资源为未来资源提供

支持。这个很类似波士顿咨询公司的产品—市场矩阵。资源伴着产品走。公司需要对产品—市场的发展进行预测，根据其发展方向来获取必需的特殊资源。这比单纯的多元化策略更有吸引力；

3. 分析资源市场的发展路径（stepping stones）

平衡资源的短期利用和长期发展。短期利用可以获得市场份额和足够的现金流；而长期发展可以保障优势地位。我们以日本成功进入世界计算机半导体市场为例。日本企业首先以民用消费市场为基础，掌握了芯片技术和资源；而后向更高端的技术市场扩张。1988年，日本芯片产业产值高达全球的67%，由日本电气、东芝和日立垄断。后面韩国芯片业也是这个发展路子。

[个人未来规划指南]

战略法则可同样应用于家族传承和个人的未来规划。很多父母会替孩子从小做各种计划，但资源和资源的动态积累在其中扮演的角色常常被忽视了。

如果没有科学的指导，再多的规划也无法阻止迷茫的种子生根发芽。个人规划和长期投资极为类似。如果利用好资源累积的复利和杠杆效应，就可能最大程度地实现一代人的阶层突破。

举例来说，人力资源同样既能创造价值，也能分配价值。领导干的具体工作可能比员工少，但分配的利益要多很多。如何顺利卡位，走上管理岗是个长期的资源管理过程。对领导力的培养从很小的时候就应该开始了，譬如好好与人沟通、玩具共享、处理矛盾、培养服务意识、积累相关的领导经验等等。临时抱佛脚是完全不行的。长期资源规划是必择选项。

除了长期性，资源规划还必须尊重个人的独特性。我们把这个过程类比作收藏或者股权投资。每个人的喜好不一样。如果想在竞争中迅速崛起，必须有个性化的方向。比如，专门收集某一类型的邮票，研究某一行业的企业。我们应利用专业知识和圈层的时间复利效应，长期持续这一过程。显著的成果绝不是泛泛培养能够收获的。竞争优势是差异化策略下长期资源累积的结果。

人的资源获取也有两种途径：内部和外部。内部途径是通过自身努力获得资源。无论读书、学习还是工作，依赖自己一直都是最靠谱的资源形成方式。外部途径是通过合作借用他人的资源。这种杠杆效应同样重要。借头脑、借技术、借资金、借关系。借船出海可以帮你完成一个人无法达到的目标。但正如古语所云"自助者，人恒助之"，内部途径始终是两者之中的根本。

获取人生资源的主要成本之一是时间，越早规划，成本越低。只有把时间拉长,制定长周期的资源战略而非随波逐流,才能打造有意义的人生。只有回到最本质的问题,才会有头绪。"我喜欢什么?""我的天赋是什么?"喜欢的背后往往是擅长。即便没有特别的才华,在某些方面也一定更强一些。找到自己的喜好,尽早开始毕生追求也是乔布斯成功的原因。如果一时得不到答案,也可以反过来问这些问题:"我不喜欢什么?""我不擅长什么?"起码要做到不在负方向上浪费时间。

无论是针对自身的,还是子女的资源战略规划,也可分为三个步骤。

①**产品跟着资源走**。跟随天赋,早发现,早培养。这往往需要父母在孩子很小的时候,认真观察他们的成长;给孩子留白去自行探索,而不是将其时间填满。不然,很难发现其真正的特长是什么。如果已经步入高校或职场却还不自知,认识自己就成了关键的第一步。

②**资源伴着产品走**。方向既定,就要不断进行特定的资源积累。资源要在优势上形成合力。每天在一个方向上比别人多走一步;一年就是365步;十年二十年,对手就看不到你了。

③**平衡资源的短期利用和长期发展**。在擅长的领域努力积累的同时,不要忘记基础学科和通识教育的培养。这是长

期发展的根基。学问是相通的，偏废会限制未来发展的高度。比如，丘成桐幼时也喜欢看武侠小说。父亲去世后，他通读了很多历史典籍，后来还专门写了《数学和中国文学的比较》一文，探讨两者之间的共性。无论"博"还是"专"，"向内"或者"对外"，最终需要把自身当作资源的聚合体。用现在的小资源去逐步撬动未来的大资源。这才是发力的根本。

善于从小规划孩子未来的父母有很多。如果非要举个例子，傅雷一定是不可错过的一位。傅雷从小坎坷的身世、成长经历以及他对待儿子傅聪和傅敏的教育方式都极富争议性。有兴趣的读者可以去读读《傅雷家书》。这里想重点提的是傅雷对于儿子们天资的挖掘。由于傅雷很早就发现傅聪在绝对音准方面的天资，傅聪七岁半就开始练习钢琴。傅雷全力给予儿子支持，并严格要求他每天练琴八小时，帮助其在钢琴领域发挥自己的潜能。当次子傅敏也想追求热爱的音乐事业时，却被父亲以家中的经济问题和不是搞音乐的材料等理由粗暴拒绝。抛开子女教育方式的好坏不谈，傅雷确实是在识人成人方面有独到之处。发现天赋，从小规划，集中资源培养。这些都是值得大家学习的。

家庭的规划能力往往让一个人一生的命运在孩提时代就被决定了。

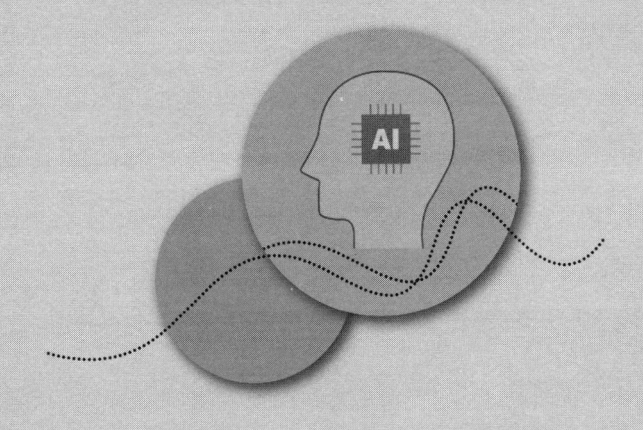

第2章
评估法则[1]

仅靠分析行业、市场和对手能带来竞争优势吗？答案明显是否定的。战略分析的起点是环境和自身资源的价值评估。统合战略分析框架是一个不错的工具。它可以整合不同的战略理论，展开内外分析，评估资源价值。其中，比较公司与对手不同的交易成本是关键。

---

[1] BARNEY J: "Firm Resources and Sustained Competitive Advantage", Journal of Management, 1991年第17卷。

◌ 战略分析的起点

达尔文的进化论认为，环境选择下的适者才能生存。当猴子进化出消化未成熟果实能力的时候，猿与猴的竞争加剧。古猿被迫离开食物逐渐匮乏的森林，并最终直立行走成为智人。

类似生物体，公司极为关注外部环境的变化。但环境变化对不同企业是异质的，正如猴子和古猿的"同祖不同命"。这是公司江湖地位的高低和手中资源的差异决定的。譬如，大企业可以利用现金充足的优势，在经济下行阶段低价收购更多市场份额，而小企业可能就死掉了。

同理，相同的资源对于不同的公司也是不一样的。比如，自有物流公司对京东可能很重要，但对阿里巴巴可能就是一个累赘。汝之蜜糖，彼之砒霜。因此，纯环境分析不能带来竞争优势。要结合公司的内部资源分析，理解和评估机会与风险。

评估环境和资源是战略分析的起点。我们用Chatain和Zemsky[1]的统合战略分析框架来阐述如何进行评估。该框架通过理解市场、竞争和资源的驱动因素，把波特的竞争五力、资源导向和价值创造这三种基础战略理论结合起来。价值创造理论是建立在二阶博弈论基础上的；战略资源理论是建立在资源市场的不均衡分布上的；而波特五力模型的基础是企业在产品市场上的不同定位（position）。

在评估之前，我们先思考一下什么是可持续的竞争优势。可持续意味着面对现有和潜在的竞争者，公司的优势具有时间上的延续性，不受对手模仿的影响。作为企业追求的长期目标，可持续竞争优势是公司积累的独特资源对外部环境动态适应的结果。非同质化竞争是可持续竞争优势的必要不充分条件。

战略家很早就注意到非同质化竞争对于公司业绩表现的重要性。市场区隔使客户面对不同的价值选择，降低了竞争烈度；因此可作为战略分析的一个不错的切入点。

统合框架分为环境评估和自身资源评估两个部分。首先是外部环境的评估。

第一，理解不同细分市场的价值创造和价值获取潜力。关于价值创造和价值获取，我们在"析需法则"和"捕手法则"

---

[1] CHATAIN O, ZEMSKY P: "Value Creation and Value Capture with Frictions", Strategic Management Journal, 2001年第32卷。

中会进一步详解。价值创造是企业通过与竞争对手博弈创造的、用户愿意支付的价值；价值获取是企业通过与合作伙伴博弈最终获得的、分配到手的价值。你也可以把它简单理解为经济学中超过平均利润的超额利润。

为了便于细分市场的量化计算，除了传统的市场规模、增长速度、市场潜力等指标，Chatain和Zemsky还给出了一个新定义：市场摩擦参数（friction parameter，简称FP）。指将企业最终分配的价值对客户匹配失败率f求导数，也就是单位失败率导致的价值损失。这里的变量，客户匹配失败率f指在区隔化的市场上，由于差异性的存在，买卖双方的匹配不合适，导致供应商与用户无法实现交换。匹配度最高时，失败率f=0，客户得到完全的满足，该细分市场被独占；f在0~1之间时，与对手共同分享该市场；当f=1时，该细分市场完全不存在。研究者发现市场领先者愿意通过覆盖所有细分市场阻断可能的竞争。而挑战者更愿意集中精力在某些细分市场上，以保持差异化优势。

第二，理解公司面对五种竞争力量的定位，以及不同策略对不同细分市场价值创造和价值获取的影响。波特的五种竞争力量指进入威胁、替代威胁、买方议价能力、供应商议价能力和来自现有竞争对手的竞争。这里要找到决定五种竞争力量高低的定位，量化其影响。

举例来说，市场摩擦参数FP过高或过低都会造成市场进入障碍。FP过高意味着客户难以满足或市场非常狭小；过低意味着竞争过度或者优势厂商通过形成低成本优势和产能壁垒封杀后来者。两者都会使市场失去吸引力。可以看出，价值创造和价值获取还是很依赖于波特传统的竞争五力模型。不同的结构造成了不同吸引力的市场。

第三，分析不同竞争者的资源投入。对于市场领先者来说，如果市场结构不发生大的变化，一般来说都能通过较高的资源投入维持优势地位。若市场结构发生剧变，领先者的堡垒则往往被攻破。也就是说，其价值创造和价值获取发生重大的改变。

这里的分析和评估框架需要兼顾产品—资源两个市场，主要目的就是通过量化更深刻地理解环境和竞争者。

自身资源的评估

管理者应当清楚战略不能简单表述为长期和全局性的谋划。波特的价值链（或价值网）分析如果不以公司的资源为基础，就无法建立起有效的模型。因此，除了外部环境分析，还要在统合框架下进行公司资源评估。

第一，将自身资源进行分类。比如分成三大类：物理资源（physical resources）、人力资源（human resource）和组织资源（organizational capital resources）。当然，也可以用其他方式分类。

分类的意义在于评估其各自的价值。不同资源带来的战略不同，价值创造和价值分配的结果不同。

第二，对分类资源的价值进行评估。价值可以通过分析比较公司与对手成本的不同来确定。这里交易成本是个关键词。

任何时候，要充分理解一件事，必须对其属性进行细分和全面描述。分析交易的属性有助于评估交易成本。Oliver E. Williamson[1]认为描述交易有三个重要维度：不确定性、交易频度、交易的事前投入。三个维度越高，交易成本越高。相对于对手，企业要努力降低交易成本。比如说，提前预售可以降低交易的不确定性；量贩包装可以降低交易频度。这些措施都会降低交易成本。

事前投入比较复杂，决定了交易的转换成本。投入成本越高，交易越复杂，也就越难转移。需要进一步细分为三个维度：地点特性（site）、物理特性（physical）、人力特性（human）。

地点特性，集约化程度越高，成本越低。比如说中关村和硅谷。那么多高新企业在那里创立是有成本考量的。

物理特性，投入的标准化率越高，市场的有效性越高，可以外部采购。反之，如果投入的特异化程度高，则倾向自产。

---

[1] WILLIAMSON O E: "The Economics of Organization: The Transaction Cost Approach", The American Journal of Sociology, 1981年第87卷。

相对于外部采购，内部生产+管理的成本越低，越倾向于自产。随着投入量的增大，生产成本的节约会变得不明显（边际成本递增）；同时管理成本变大。公司越大，管理成本越高。

人力特性，对其描述有两个维度：人力资源的独特性（firm specific）：人力资源越独特，成本越高。人才生产力的可衡量性（productivity can be metered）：人才和公司结合越紧密，越难以衡量其生产力，人力成本越高。

这里要注意，创新项目投入的资产差异大且对人力资源要求高，如果管理成本也很高，会造成无法内部创新。由于小公司的管理成本较低，因此创新往往来自集约地区的小企业，而非大企业。

相较于竞争者，通过资源分类，对比交易成本之间的差异，我们就可以评估公司资源的价值。这里的资源价值评估指资源对价值创造和价值获取的贡献。谁的交易成本更低，谁的资源价值更高，贡献更大。此外，交易成本维度化（dimensionalize）不单是资源评估的起点，也是企业组织战略分析的起点。交易成本分析理论认为，成本不同使得组织形态和边界不同。这属于组织经济学的范畴。

第三，通过分析战略资源的特性来修正价值评估。战略资源有两个主要特性：异质性和专属性。异质性指资源的与众不同。在茅台的酿造和窖藏过程中起关键作用的微生物群落非常特殊，无法离开茅台镇。这种特点属于资源异质性。专属性指资源必须与特定的组织或资源结合才能发挥作用。比如，麦当劳的连锁加盟商极具创造性。很多新产品，如麦香鱼汉堡并不是公司总部而是由加盟商开发的。这种创造性属于资源的专属性，和其组织结构和管理是分不开的。具有这些特性的资源价值更高，我们可以用这些特性来修正之前的价值评估。

除了异质性和专属性，资源特性的分析还包括：价值、稀缺性、可复制性和可替代性。

资源的价值性，除了用上面介绍的交易成本法，我们还使用传统的市价法，也就是实际交易的成本价格进行信息补充。不过，这些都属于静态分析。涉及未来价值变化的动态分析，可采用SWOT进行分析和预测。关于SWOT的论述很多，这里就不多着墨了。

资源的稀缺性，独特、数量稀少、难以获得都体现为稀缺性。

资源的难于复制性，指被对手模仿和复制的困难程度。完全不能被复制是不可能的，只是程度的问题。难于复制性源于下列因素。

一是历史时空因素，即资源依赖于历史，时空等因素而产生。比如，意大利的时装和奢侈品品牌。就算意大利经济再不行，这些历史悠久的行业仍然具有可持续的竞争优势。

二是模糊性因素，即资源和战略优势间的联系不容易被辨识。说不清哪个资源对于战略优势起决定作用。也许是几个资源结合后的共同影响。比如，几个大的互联网科技公司的战略资源地图构建了一个错综复杂的关系网。由于其业务触角伸向各个方面，互相联系，很难说清是哪些具体的资源影响了战略优势。要复制这种复杂的资源关系太难了。模糊性影响了对手的模仿和追赶。

三是社会复杂性因素，即用户、渠道和品牌的复杂社会关系使其难以模仿。比如，耐克的二手鞋市场。用户、二手商对于耐克经典鞋的收藏与转售具有很强的意愿和品牌黏性。其中的社会心理非常复杂，很多运动品牌也想模仿，但都不太成功。

资源的难于替代性，这里替代指不同资源要素以不同方式带来相同的战略效果。分析重点是要量化替代作用的程度，尤其是对于新出现的竞争对手。

除了修正评估，通过分析环境变化对上面资产特性的影响，还可以预测资源价值的变化。

第四，组织沟通也能影响到资源的价值。组织沟通也是可持续战略优势的重要来源之一。因此，企业高层内部应提升对资源价值的识别和管理能力。正式的战略规划必须结合非正式的沟通。非正式的策略沟通可以有效地对策略的执行产生积极推动。这也是企业文化的研究范畴。在策略制定中，要兼顾内外沟通。

人机协作的信息系统属于内部沟通，涉及平行、垂直以及交叉的各级组织。

公司对外树立正面形象属于外部沟通，涉及对客户、供应商的影响。良好的外部沟通能降低企业的运营成本，提高效率。

统合框架告诉我们，只有先深刻理解了自身资源，再结合外部环境分析才能有效地制定战略，应对可能的变化。此外，所有的评估都是围绕价值创造和价值获取展开的。不是简单地分析市场规模、增长潜力和竞争状况那么简单。

[**个人未来规划指南**]

个人规划的目标是使自身资源的未来价值最大化。因此，个人也要定期进行外部环境和内部资源评估。这类似于公司年审。

关于个人资源的价值，我们通常只有一些定性的概念。

比如，海外非名校的背书价值远低于国内的985和211；专业的选择和学校同样重要；基础学科的未来适用性更广泛，如配上名师更好；大学所在城市的选择在于获取实习和结交人脉的机会；个人兴趣、爱好、特长和家庭背景决定了所从事的行业；行业和平台的选择决定了人一生的基本工资收入；人脉关系决定了可能碰到的机遇。

不过，模糊的感性认识帮助有限。深刻理解外部环境和内部资源，量化评估资源价值是个人规划的出发点。

首先，我们可以用公开获取的横截面数据和时间轴数据，对不同职业发展轨迹中的不同目标岗位进行量化评估。比如，利用不同专业毕业生的起薪、平均学历、平均年龄、招聘门槛、岗位要求、流动性、平均收入和供求关系变化等数据，估算自己目标发展轨迹上的预期收入。当然，金钱不能作为唯一衡量的标准。个人的兴趣爱好、成就感、荣誉感、安全感都要作为价值评估的依据。

一定不能忽视量化分析的作用。举个例子。根据教育部官网披露的数据，2021年我国招收博士生12.58万人，在读博士生50.95万人；2011年招收博士生6.56万人，在读27.13万人；而2000年我国招收的博士生只有2.51万人。20年增长5倍，这还没有计算归国的海外博士。如果不了解这些数字，可能读博会成为一些人的盲目选择。如果不了解

"非升即走"制度，那么读博士去高校谋职可能还是不少人盲目向往的职业方向。事实上，大部分人并不适合走纯学术路线。

其次，在得到职场价值的估算结果后，进行回溯来判断目前的资源价值。把不太容易量化的资源看作实现职场最终价值过程中的里程碑，以倒轧的方式，按权重比例评估价值。举例来说，如果最终实现千万年薪需要5项资源。那么，每项资源大约的价值权重就是20%。而每项资源又可以被进一步分级分解。最终形成一个类似树形的结构。

再次，要针对某些资源给予额外的权重进行修正。这些权重不是平均分配的。要考虑资源的价值性，稀缺性，可复制性和不可替代性等属性进行调整。有些资源或能力可跨越多个层级，或具有跨行业潜力的能力。这使其具有更大的比重，比如学习数理化等基础学科，培养领导力和创造力等。

将远期目标分解是规划路线的基本方式。但这个方法假设的是未来职业收入趋势不变或线性变化。这从逻辑上来说是有问题的。越早规划，越不能准确估计工作的未来价值。但这样做仍然有意义，因为随时的数据追踪可以帮助我们掌握趋势的变化，避免过大的信息差或陷入信息茧房。

除了能力、学历和经历，个人评估还应该包括家庭收入、背景、社会关系等一切可调用的，对实现价值有帮助的资源。

没有评估，就没有职业生涯规划。外部环境和个人拥有的整体资源决定了行业的选择和进入顺序，而不是大多数人认为的大学报什么专业，毕业就能做什么工作。大学只是进入职场的敲门砖。提前了解职场变化的目的是为了及时调整资源累积策略。

举个例子。如果特别想去知名投行工作，那么国内最好能进入清北复交，或者选择英美名校。名校不单是能力的背书，也有人脉和圈层的基础。同时，直接学习金融专业不一定是对的，应该选择更基础性专业学科。因为金融的本质是控制收益和风险的能力。研究基础学科的学生在具体行业知识和建立数理模型方面的能力要比金融专业更优秀。此外，家庭背景和人脉关系也是能否进入金融圈的要素。如果家庭不能提供帮助，就需要先去产业界打磨一下，提前进行关系储备。

当然，个人资源中最核心的是一系列基础能力，其具备跨行业应用的延展性，包括多国语言沟通能力、情绪与身体语言沟通能力、数学与模型语言沟通能力、人机沟通能力和商业沟通能力等。这里用简化的"沟通能力"代替了诸多对学习内容的复杂定义和解释，以减少与读者的沟通成本。基础能力的培养要以自身的天资为指引。天资代表个人的独特性，是努力所能达到的成就上限。能力不行，其他都是空谈。

天资或者个人优势的判断，可采用基于心理学的性格测试，比如Myers-Briggs Type Indicator（MBTI）。MBTI加上其他一些能力测试，比如预测力、分析力、理解力和情绪控制力等，能让我们更清楚地了解个人天生的底层能力。

总之，战略规划需要对个人资源建立一套清晰的账本。

有了量化评估，我们就可以逐步更新具体的战略发展目标。通过关注擅长领域的发展累积资源，在某一细分领域深入下去，争取成为前面5%~10%的头部。随着时间的流逝，如果自身的资源价值不升反降，就表明出现了问题，需要调整策略。持续进行量化评估才能指引前进的方向，这就是评估法则的意义。这非常类似巴菲特所说的滚雪球，看谁能找到一条又湿又厚的长长雪道把雪球推下去。

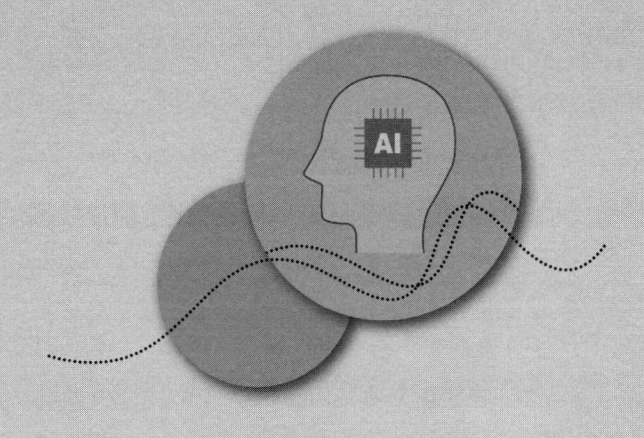

第3章
扩张法则

有这样一副有趣的对联,"海水朝朝朝朝朝朝朝落,浮云长长长长长长长消。"我觉得拿它来描绘公司扩张与收缩特别合适。搞清了企业扩张的本质,才能实现增长的可持续管理。增长不仅是选择的结果,也是积极战略管理的成果。选择和努力一样重要。

公司的持续扩张

为什么有的公司能持续战略扩张，而有的却不行？类似亚马逊、腾讯等高科技公司在上市后仍然保持了多年的高速增长，而有的公司上市即为最高光时刻。是什么原因促使某些公司能持续增长呢？要回答这个问题，我们就要先搞清楚扩张的本质是什么。

科斯的交易成本理论认为，公司是因为能大幅节约市场交易成本而产生的。如果不能节约成本，完全可以通过外部市场交易完成企业内部的各种功能组合。因此，存在一个公司的最优规模。低于这个规模，内部交易；超过这个规模，市场交易。

研究者Rubin[①]认为这个观点存在一定的问题。首先，科斯

---

① RUBIN P H: "The Expansion of Firms", Journal of Political Economy. 1973年第四卷。

并未说明公司节约成本的最优规模是如何达到的。没有路径也就没有演化的可能。其次,很可能并不存在这样的最优规模,而只有一定资源条件下的最优增速。这是因为最优规模只存在于零增长速度下。试想,一家不断变化成长的公司,怎么会有最优规模呢?科斯这个观点有点太静态了。

如果不存在最优规模,那公司扩张的本质又是什么呢?

公司是以完成营业任务为目的,把一系列生产性资源组合在一起的一个实体。资源对于公司是不可分割的,并具有下列特点。

资源具有自我复制性,否则无法持续发展。

每个企业都有特殊性。相同资源在不同企业手中,价值不同。

战略不是简单的资源拼凑。由于管理者因素的存在,资源组合的价值大于其各部分价值之和,也就是1+1>2。

因此,企业的扩张是资源自我复制性决定的,但不是无条件,无限制的,而是实现最优价值者才能持续扩张。这体现在并购上就是价高者得。

由此,我们可以定义:公司扩张的本质是资源通过滚动,产生更多的经济活动,最终带来更多的经济收益。可持续经营公司的估值等于未来每期收入减去成本(包括原有资源的成本和新增资源带来的成本）的折现值之和。通俗地说，价值扩张的来源是增量资源创造的利润。因此，企业扩张的限制条件是：企业t+1时期的资源禀赋要大于t时期企业的资源禀赋。扩张的每个阶段都要有新的增量资源进入。

那什么情况下，公司会停止扩张呢？这里有三个均衡点。

①资源投资均衡点，当整合进内部后的资源价值小于等于资源成本时。这里的成本包含收购成本和机会成本。此时，企业不再增加新资源的投资和收购，但仍可内部开发。

②公司经济活动均衡点，当资源收益小于等于资源开发成本时。因为企业内部的经济活动没有市场定价，这里的成本全部为机会成本。此时，企业不再增加新的内部开发。

③剥离均衡点，当整合进内部后的资源价值小于独立后的资源价值时。如果企业对资源的需求成本大于持有成本，企业应该留住该资源；如果该资源的使用频率高，或者使用周期长，也应考虑购入而不是租用。反之，当持有成本很高，远大于需求成本，且使用频率也不高时，需要剥离该资源。

这些均衡点解释了企业扩张的边界。只要能获得超过机会成本的收益，企业就会一直扩张。如果找不到机会扩张，就要做好过冬的准备。

扩张策略举隅

这是否让你想起了那段被广泛传播的，福耀玻璃董事长曹德旺先生的采访视频？他曾经两次较为准确地预测了经济环境的变化。通过对国家统计局数据的分析，曹先生发现了这样一个事实。从2009年到2021年的12年间，中国GDP总产出751万亿，其中固定资产投资占比50%以上。综合历史上的固定资产投资总额大约在500万亿到600万亿。而目前的GDP产出占总固定资产的比重过低。不合理的投入产出比是他认为国内将在2022年之后出现信用危机的原因。对比一下大洋对岸的数据，我们可能会有更清晰的概念。根据美国经济分析局发布的数据，净固定资产投资占美国GDP比重从1966年的11.3%，2006年的8.1%，降至近年的4%左右。"二战"期间，美国的净固定投资占比最高也不过是14.3%。

可见，无论是企业还是国家，如果投入不能带来更高的产出效率，危机的发生是迟早的事。修了濑户内海七座大桥的基建狂魔日本就是前车之鉴。

扩张的战略管理

公司的扩张是有迹可循的，而不是运气使然。最高决策者在追求企业扩张时，需要注意并强调如下两点。

第一，未来趋势决定了不同行业中收益大于机会成本的时间不同。时间越长，价值越高。亚马逊等互联网企业亏损了很多年，但估值和公司业务一直在扩张，成为巨大的头部企业。这是因为其市场潜力巨大，可渗透的行业边界广泛，收益可持续被用来再投资。因此，评估这类公司的关键不在于短期能否盈利，而在于扩张期有多长，扩张期结束时能否盈利？这个扩张期时间变量T的估计很关键。扩张时间决定了市场空间发展的上限。扩张到全球市场，还能带来多少增长？渗透进其他行业，还能带来多少增长？对这些问题的答案关系到估值还能增长多少。

我们细数那些巨头企业，无一不是在正确的时间、正确的地点，进入了趋势性发展的行业。在长周期下，企业充分享受了扩张的红利。而那些没有成为巨头的独角兽，则更可能是进入了一个伪趋势。比如，共享单车和生鲜电商。扩张肯定是要依靠资本烧钱进行的，但是扩张期结束后问题就来了。公司能创造超额利润吗，还是徘徊在亏损或极低利润的边缘？

第二，能否利用自身优势开发新资源，或对新资源进行收购整合是持续扩张的关键。某些资源，比如大数据，具有广阔的应用领域。当资源能够规模性地提高行业效率，其价值和机会成本都很大。企业要么利用它们进行低成本收购整合增加自身价值，要么用它们进行财务投资。收购整合与财务投资是有本质区别的。在收购整合中，资源发挥的是杠杆作用，可以放大整体价值，还能掌握主动权。而财务投资既没有这种放大作用，也不具有控制权，直接影响了企业的估值和扩张，这点是腾讯曾饱受诟病的原因。

面对太多的市场机会，腾讯很多时候只是扮演财务投资人的角色。仅用微信和QQ帮被投企业导入流量（譬如京东），但腾讯自身的发展和它投资的企业并没多大关系。而阿里巴巴（计划分拆前）、字节跳动、美团等公司则尽可能通过整合把被投企业囊括进自己的整体战略。尽管很多投资会失败，但面对巨大的机会成本，如果资源不能滚动发展为自身创造增量，则企业扩张的脚步也必然会停止。

由此可见，公司扩张是可管理的。好的战略选择与趋势为伍。由于边际成本递增原理，投资成本（包含机会成本）是再投资率的递增函数。随着公司的扩张，投资成本必然增加。因此虽然不一定有企业的最优规模，但一定存在一个企业规模的上限。这个上限由产业趋势和企业的资源决定，同时还体现了公司背后的战略管理能力。

[**个人未来规划指南**]

在你为祖国健康工作的50年里，收入可以持续增加吗？还是说，身体棒棒的，工作已经没了？

人抓住一个机会的同时往往意味着失去另一个。失去的收入就是机会成本。

扩张的本质就是能不断获得超过机会成本的收入，而这对大多数人来说非常困难。一旦超过一定年龄，人们在市场上得到新机会的可能性就变得越来越低了。

停止扩张的原因在于个人有限的能力和精力，无法持续获得机会使收入和资源增长。而领导一支团队，比单打独斗更有可能把握机遇。因此，无论在哪个行业发展，升入管理岗都是至关重要的，甚至可以说是唯一的道路。

尽管如此，中层管理干部仍然是各路裁员的重点对象。这就需要我们在生涯规划中关注以下几点。

①未来趋势决定获得机会的多寡。正如一句俗得不能再俗的话："人生发财靠康波"。康波指康德拉季耶夫周期，是1926年由俄国经济学家康德拉季耶夫提出的一种为期50～60年的经济长周期。长期趋势给予个人发展更多的机遇。由于对经济的影响和带动上下游产业的范围较大，无论是房地产行业还是互联网行业都曾经炙手可热，形成了财富的虹吸效应。人要善于把握下一个趋势。

②不同职业或职位增长的时间期限不同。正如"青春饭"与"越老越吃香"的区别。类似医生、审计师、投资管理人等职业对于经验更加看重，可以形成较为陡峭的经验曲线。也就是说，年龄越大，收入和机会反而可能越多。而对于外貌、精力和体力更为看重的职业则很容易落入中年陷

阱。无论外卖小哥、模特、颜值主播，甚至一些销售和技术人员也属于此类。此外，有时公司会利用制度性设计降低对员工经验的依赖，以减少用工成本。当然，这种制度性设计对于大项目和大场景经验来说是无效的。我们应该尽可能地积累这些经验，寻找向上突破的机会。

③用困难和挑战积累更多的资源。年薪是10万元、100万元还是1000万元，机会成本差别巨大。但奇怪的是，更高收入的机会总是落在那些机会成本更高的人手里。一个获得百万年薪职位的人，他上份工作的薪水不会太低。这就是马太效应。以项目滚动项目，人脉滚动人脉，资源和财富同样具有集聚和虹吸效应。世上从来没有轻易的成功。如果想获得更多的机会，就要在可能成功的范围里选择那个最大最难的选项。困难是一个资源筛选器，它可以帮助你轻而易举地甩开那些选择轻而易举的人。

④要从小培养领导力。智商、情商、逆商、财商都是不可缺少的。与人在组织中沟通协作是领导力的基础。对儿童的领导力培养非常关键，其重要性完全不亚于学习成绩。可惜的是很少有父母能及早意识到这一点。

当然，向上的路从来都是少数人的盛宴。对大部分人来说，一直向上所付出的成本和回报未必成正比。这一问题的解决方法就是逐步将人力资本转化为财务资本，将存下来的钱进行投资以获得被动收入。

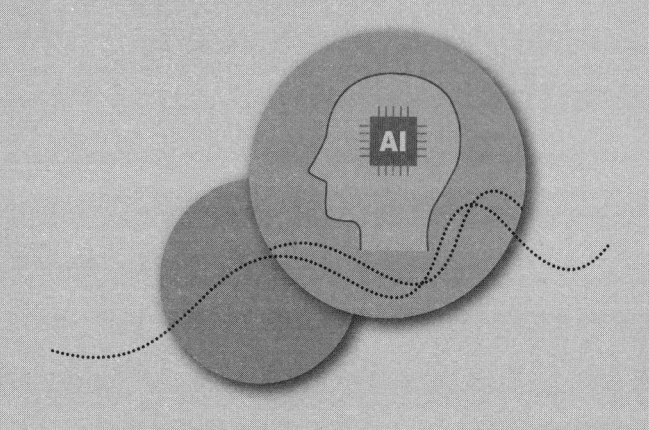

第4章
时间法则

　　第一性原理和"人有多大胆,地有多大产"有什么联系吗?坦率地说,第一性原理可能是后者的更科学版本。提及这个原理,作为世界首富的马斯克只透露了他秘密的一半。真正践行第一性原理需要理解心理表征这个概念,并且遵循奥卡姆时间法则。

第一性原理的真相

在谈论时间法则之前，我们先来说说那个追求极致创新的男人。自从埃隆·马斯克在一次访谈中提到第一性原理，这个源自亚里士多德的哲学方法论就一再被很多人解读，尤其是在商业领域。所谓第一性原理是以演绎法和溯源为基础，不相信任何已知的假设，寻找问题的元假设和本质，寻找新的维度来解决问题，而不是采用类比进行推理。

最为众人所知的例子就是马斯克自己说的电池组每千瓦时的成本问题。针对当时600美元/千瓦时的成本，第一性原理告诉马斯克，如果直接去伦敦金属交易所购买原料自己生产电池，那么成本只有80美元/千瓦时。所以成本是完全有可能压低下来的，因为这没有违背诸如物理、经济学等基本原理。这种想法的直接后果就是特斯拉的电池组成本远低于对手，不但给了公司更大的成本优势，也带来了相比于竞争对手更好的毛利水平。如果你相信了这个说法，那么只能说，你把问题想得太简单了。

特斯拉电池组的成本确实领先业内。这一方面来源于特斯拉的产销量带来的规模效应，另一方面是当时特斯拉的首席技术官 JB Straubel 所做出的贡献。特斯拉第一款电动跑车 Roadster 使用了几千颗松下公司 18650 电池形成的电池模组，铺满了整个汽车底盘。随着电芯能量密度和数量的增加，电池包和热管理系统的问题也在成倍增加。这使得散热成为问题。为了冷却散热，电池模组增加的重量问题又使得续航里程极为低下。好在 Straubel 在多个细节上找到了改进方案，解决了这一问题。到了 2020 年，特斯拉推出了自主生产的 4680 电池。据说将来成本可降低至 50～55 美元/千瓦时左右。特斯拉还计划围绕新电池构建结构化电池组。也就是去掉电池模组和整包的概念，把动力电池和底盘合二为一。这样未来可以在继续提高续航里程的同时降低生产成本。目前，特斯拉还是在使用松下、LG 和宁德时代的电池。看到这里，有没有发现这和你理解的第一性原理相差甚远？

用元假设指引方向的第一性原理，也就是"人有多大胆，地有多大产"的科学版本。但马斯克对外只强调了其中的一半；而另一半是如何解决经常在创新中遇到的、没有现成解决方案的棘手问题。最终，系统性的进步必须依靠多个执行层面上的小改进汇总而成。这才能完整地践行第一性原理。马斯克创立的公司普遍都有很强的执行文化，那就是著名的"get shit done"。无论在特斯拉还是SpaceX，对员工的基本要求就是使命必达，不会为失败寻找借口。

奥卡姆剃刀时间法则

介绍一个与第一性原理相关的认知心理学概念：心理表征（mental representation）。心理表征是一个人如何分析客观环境并进行预测的认知基础。简单说就是人看待问题的认知模型。面对同一个问题，人的内在认知是不同的。由于时间因素的限制，人不可能穷尽所有表征。更常见的方式是通过一个或几个简化了的模型去分析决策。这不可避免地造成了我们对现实世界的扭曲。这会不会让你想起《理想国》中的"洞穴隐喻"？人对现实的经验只存在于人的有限理性之中。因此，心理表征反映的是建立在自我认知基础上的简化版现实。

第一性原理告诉我们：先要找到本质的心理表征（基本科学模型）指明方向；而后通过更多有效的心理表征和策略解决一系列问题来做出系统性的变革。心理表征越多，思考越具深度。那么，面对战略问题，我们需要花多少时间和精力去寻找心理表征，才能获得最优的战略呢？第一性原理真的适合所有人和所有的情况吗？

要回答这些问题，我们需要区分战略决策中的两个不同方面。一个是寻找策略，也就是在既有的认知基础上，寻找最佳策略。另一个是寻找不同的表征。不同表征会带来不同的策略。这两者相互影响：心理表征限制了我们的解决方案，而解决方案也会影响心理表征的寻找。

举个例子，以汉字数字为表征做乘除法计算比用阿拉伯数字困难得多。计算方法是方案，数字表达方式是表征。竖式计算使用阿拉伯数字要简单得多。当你的头脑中只有"一二三四……十百千万"的时候，复杂计算成了难题。为了解决问题，我们要么寻找新的策略，比如借助算盘这类工具，要么寻找新的表征，如"01234……"和数位计数法。

过去的战略更多考虑的是如何寻找最佳策略，而对如何寻找策略背后的表征视而不见。当我们把寻找表征和寻找策略分开的时候，就能更好地在这两者之间把握平衡。

在有限理性下，战略是一个搜索的过程，而不只是一个优化的过程。搜索指寻找不同表征，而优化指在固定表征下，寻找解决方案。Csaszar 和 Levinthal[1] 的 NK 模型（我们在后面会具体介绍这一脱胎于生物学的模型）分析表明：

---

[1] CSASZAR F A, LEVINTHAl D A: "Mental Representation and the Discovery of New Strategies", Strategic Management Journal, 2005 年第 37 卷。

①如果时间充裕，对于心理表征的探索更有助于业绩的提升；而当时间紧迫时，对于新策略的寻找对业绩更有帮助。

②环境越复杂，越需要偏重于心理表征的探索，而不是在旧思维模式中寻找新的策略。

③专注探索不相关的心理表征。当现有表征的相关性较高时，努力寻找那些不相关的。探求问题的元假设和本质是一个很好的选择。所谓长跳型探索就是如此。我们在后面的长跳法则中会更充分地讨论。另一个增加不相关性的办法是雇用更多不同背景和经验的经理人或专家，增加思维碰撞。

④既探索新的心理表征，也寻找新策略的平衡探索方式有助于提高业绩水平和减少业绩波动。

基于研究者的结论，笔者提出了奥卡姆剃刀时间法则的概念：如无时间，勿增表征。也就是说，除非有足够的时间寻找新的心理表征，制定策略适应环境变化，否则就不要增加战略思考的深度。这里的时间不是指战略思考的时间，而是企业必要的生存时间。企业在经营过程中必须要关注周围的竞争环境，生存取决于企业与环境的互动。如果环境不利或企业资源匮乏导致生存堪忧，则应以寻找策略而不是探索表征为主。

我们设想一下，如果美国国家航空航天局NASA的航天飞机没有退役，对于低成本火箭发射的需求和资金支持力度也不大，马斯克还会创立SpaceX吗？要知道，拿到NASA补助最多的公司不是SpaceX，而是曾经协助NASA制造大推力重型运载火箭土星五号的波音公司。因此，任何极致创新的前提是足够的生存时间。

所以，我们需要再次澄清两点：其一，第一性原理不能仅被简化为寻找基础心理表征，而忽视背后更多的内涵。其二，运用第一性原理需要足够的时间、资源和能力，它并不适用于所有的情境。

只有那些具有足够的战略机动能力和生存时间的公司，才有可能践行第一性原理。因此，如何创造时间和战略机动也就成了创始人要思考的主要问题。

[个人未来规划指南]

"若无时间，勿增表征。"奥卡姆时间法则告诉我们，应尽早开始探索不同心理表征下的维度，以全面认清自我。

张爱玲说"出名要趁早"，而莫言却说自己是一个"晚熟"的人。其实这两者并无矛盾。因为无论如何，规划和准备都是越早越好。其余看命运的安排。

越早开始规划并做好充足准备，就越有可能实现自身的巨大潜力。这是因为时间法则告诉我们：越早探索，就越有可能发现更多的自身维度。透彻的自我认知是规划的基础。

不同的心理表征下，维度有不同的分类方式。举个例子。

根据教育心理学家霍华德·加德纳的分类，人具有以下不同的智力种类。

语言智能：发达的语言技能，能把握单词的声音、含义和节奏的敏感性。

逻辑—数学智能：概念和抽象思考的能力，辨别逻辑和数字模式的能力。

空间—视觉智能：图形思考能力，能准确和抽象地进行可视化。

身体—动觉智能：控制身体和处理物体运动的能力。

音乐智能：产生和欣赏节奏、音高和音色的能力。

人际智能：洞察他人情绪、动机和愿望，并做出适当反应的能力。

内省智能：自我意识，与内心感受、价值观、信仰和思维过程保持一致的能力。

自然主义智能：识别自然界中的植物、动物和其他物体，并进行分类的能力。

存在智能：解决有关人类的，深层次问题的敏感性和能力，例如"生命的意义是什么？我们为什么会死？我们如何来到这里？"

我们还可以将个人智能分为理解力、判断力、分析力、预测力、集中力、转换力、开拓力、灵敏性、直觉、灵感；或者将智能分为多国语言沟通能力、身体与情绪语言沟通能力、数学与模型语言沟通能力、人机（AI）沟通能力和商业沟通能力。

不同的分类反映了我们看待问题的不同角度。显然，任何单一分类或单一心理表征都是有缺陷的。不同心理表征下的不同维度组合能带来更清晰的自我认知。

不同的智力能力分布意味着不同的职业发展方向。选择什么样的职业，去大公司还是创业公司，和什么类型的人组成团队更容易成功？很多问题的决策其实和个人特质是分不开的。在不同的心理表征和维度分类下，对自我了解得更多，就越可能做出正确的选择。

在应用时间法则时，还有一些注意的要点。

①在细化的基础上，尽可能探索不同心理表征下的维度组合。宽探索能带来差异化的竞争优势。将在不同智能方面的特殊优势相互结合，可以带来更多的机会。比如，一个人在人际智能、语言智能、直觉、理解力、分析力和情绪与身体语言沟通能力方面得分很高，未来就有可能成为政治家或者推销员。

②探索表征和寻找策略要平衡。在探索心理表征的同

时，不能忽略策略寻找。所谓策略就是在现有表征下获得竞争优势的方案。比如，谷爱凌的母亲从小就发现她在身体—动觉智能方面具有天赋。在探索了不同类型的运动后，经过多方面的不断培养，努力达到新的里程碑，最终谷爱凌成为了自由式滑雪明星。

③不要轻言放弃。不要忽略非优势维度的开发。我们在某些分类维度方面可能不具备过人之处，但不代表不能培养。哪怕是在不擅长的地方做一些早期熏陶都是有益处的，但前提仍是时间充分。年龄越大，越应该将精力集中在优势维度上。

回到第一性原理，成功不是仅靠一个伟大的想法就能实现的，无数细节上的努力同样重要。战国时的苏秦很早就清楚自己的长处和发展方向。他口才极好，师从鬼谷子，学习纵横术，喜欢纵论天下和战略谋划，但却对具体事务完全不感兴趣。这类人放在如今就是一位优秀的战略咨询师。然而，即便认清了自我，成功仍不是必然的。在被秦惠文王拒绝之后，他回到故乡，"读书欲睡，引锥自刺其股，血流至足"。正是因为极大的付出，才能终获认可。从苏秦到马斯克，莫不如此。

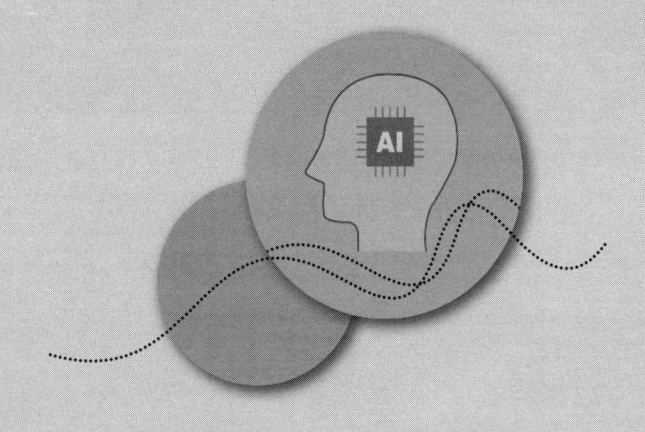

第5章
趋势法则

　　有些东西是颠覆常识的，但你却不得不接受它的存在。吉布拉定律就是其中之一。吉布拉定律告诉我们，只有行业发展早期，存在大量创新机会时，才可能出现系统性的增长。因此，趋势是创投第一决定要素。但顺势而为，仍需要警惕伪风口陷阱。

吉布拉定律之惑

大公司增长快还是初创公司增长快？优秀公司增长快还是普通公司增长快？创造价值大、运营成本低的公司还是创造价值小、运营成本高的公司增长快？这些看似答案不言而喻的问题，却未必如您想的那么简单。

如果用销售额变化来衡量增长速度，研究者会发现：无论是小企业还是大企业，无论其创造价值和运营成本的高低，个体企业的增速随机变化，很难被预测。这就是备受争议的吉布拉定律（Gibrat's law）。它与我们常识中的概念相互矛盾，可在现实生活中我们又常常能看到吉布拉定律的真实存在。

吉布拉定律是一个经济学定律，其定义是增长和初始规模的正交性。正交性这个概念是从数学里衍生出来的。两条直线垂直相交，一个向量在另一个向量上投影为零。这意味着无论其中一个大小如何变化，都不影响它在另一个向量上的分量。

通俗说就是，增长与初始规模无关，呈现一定的随机性。吉布拉定律的应用虽然有一定的局限性，但在观察实例后，其仍然具有很强的现实参考意义。

为了研究吉布拉定律与直觉和传统经济学矛盾的问题，Knudsen，Levinthal和Winter[1]运用古诺均衡模型进行了测算，得出的结论还可以推广到更普适的模型中去。研究表明，领先的企业占有更大的市场份额，但当面对向下倾斜的需求曲线（价格与需求呈反比）和自身具有的定价权影响时，领先企业会限制产量和价格以获取更多的利润。同时，当影响特定公司的冲击因素随机出现的时候，增长就会符合吉布拉定律。

只有行业发展早期，存在大量创新机会时，优秀企业面对大量未被满足的细分市场，才有可能出现系统性的快速增长。此时，公司不以盈利，而以扩大市场份额，把握市场机遇为目的。类似地，在流通性高的股票市场上，价格充分体现了企业的价值。只有超预期的增长才有机会让投资人获得超额收益。因此，行业发展阶段和企业创新式增长决定了绝大部分的投资收益。一旦进入发展后期，再优秀企业的增长也只是遵循随机游走。投资人也几乎没什么大的获利机会了。

---

[1] KNUDSEN T, LEVINTHAL D, WINTER S G: "Systematic Differences and Random Rates: Reconciling Gibrat's Law with Firm Differences", Social Science Electronic Publishing, 2017年第2卷.

吉布拉定律可以让我们规避很多看似机会的陷阱。比如，一部分投资人可能会青睐国产替代技术。他们认为一旦中美科技战爆发，受到美国的封杀，很多国内的替代技术可能会获得更大的市场份额。如果不综合看其市场的发展阶段和潜力，单纯从替代角度进行投资是很危险的。一般来说，替代的技术都是国外很成熟的，市场一般增长不快。国内替代在国外技术还可使用时一般很难获得大量市场份额，自身造血机能薄弱。如果不能形成系统性创新，面对国内其他竞争者就难以脱颖而出形成一定的护城河。这很可能让投资人深陷泥潭。

再比如，2020年以来一部分投资人看好硬件科技的发展，认为互联网的模式创新已成过往。殊不知，互联网产业持续高资本回报的增长来自于不断扩张的市场边界。如果没有模式创新的配合，单纯依赖技术也很难持续地获得高回报。反之，苹果从来不是技术领先的公司，但自成体系的高品质用户体验促进了持续的增长。模式创新也不是单纯追求所谓性价比，那会消耗品牌价值。公司要能聚合忠实用户，使之形成对品牌整体生态的依赖，才能不断地在维持核心用户的同时扩展市场边界。否则，一旦市场增长放缓、竞争加剧，就会疲态尽显。因此，投资硬件科技离不开互联网，离不开用户和市场的支撑，离不开模式创新。

趋势法则告诉我们，遵从吉布拉定律，跟随大的趋势始终是最基本的战略逻辑。优秀的公司通过不断拓展市场，降低维护性资本支出，与高成长始终相伴。但哪些赛道是趋势，哪些又是短暂的风口呢？

○ 伪风口与创新难度

很多投资人喜欢追逐风口赛道，但伪风口会带来大量的经济损失和浪费。我们以共享单车为例。根据林玮、于永达的数据分析，该赛道就是一个典型的伪风口[1]。

资本投入巨大。曾经的两家头部企业，摩拜和ofo平均3个月和4.2个月就融资一次，两年融资额超过310亿人民币，远超同期沪深股市企业IPO融资额。

成本损耗无数。以摩拜每辆车的平均造价计算，制造成本达300亿元。根据摩拜2017年年底财报，收取押金约百亿元，其中60%~70%被挪用；月度收入构成大约是1000万元的利息收入与1亿元的付费骑行收入。按900万辆在运营单车计算，每辆车每天创造营收0.41元，平均被骑半次，而开支是2.93元，净亏损2.52元，净利率为-619%。在被收购前，除去因亏损而产生的递延所得税资产16.37亿元外，摩拜公司的净资产几近于零，只能勉强

---

[1] 林玮，于永达：“数字经济领域投资潮涌与产能过剩机制：共享单车案例”，《甘肃行政学院学报》，2019年第2期。

依靠融资性现金流维持生存。而ofo的破产倒闭更是留下了大量欠账、裁员和创始人个人失信的悲惨结局。除头部公司，其余多如牛毛的共享单车企业、风险资本、供应链企业的损失同样惊人。

一个风口是真正的机会，还是一个伪装了的、会让人坠落的陷阱，相信90%的人都没有多少判断的准确依据。有没有靠谱的办法让我们能避免共享单车惨剧的出现呢？我们来看看一些相关的管理科学发现。

Fleming和Sorenson[1]提出了一个新的概念：创新难度（the difficulty of the inventive problem），指创新中所需要的新要素与旧有要素之间的相互作用。Fleming和Sorenson从美国专利局1990年5~6月的17264个专利中去掉了未引用之前其他专利（独立、非互动因素，不符合耦合的研究假设）的442项，共研究了16822项专利。其中共有16698项专利还引用了相关论文。这些专利涉及1790个技术子分类，而专利局总共的技术子分类大约有10万个。统计专利有助于计算专利涉及的技术耦合性。

Fleming和Sorenson发现，专利中新要素与旧有要素的互动关系越紧密（耦合coupling多）越复杂，创新的难度越大；同时，创新难度越大，科学对于创新过程的影响也就越大。

---

[1] FLEMING L, SORENSON O: "Science as a map in technological search", Strategic Management Journal, 2000年第25卷。

科学研究对于创新的影响体现在下列三种可能：

①科研通过提供相对直接的预测，可以降低创新的成本。

②科研也许不能提供较为直接的预测，但可以缩小创新需探索的范围。

③科研通过粗略的方向指引为创新提供激励，以避免跌入局部最优陷阱，成为次优。

当科学研究使高难度创新由一个模糊的，危机丛生的过程转变为一个更直接的，路径可辨的过程时，复杂度大大降低。由于与旧要素联系紧密，一旦实现突破，会对经济和社会产生巨大影响，颠覆性机会由此出现。反之，如果创新更多作用于那些独立要素，关联性影响不大，则不是真正的颠覆性创新。创新难度高的项目更值得投资。

我们用刚才的例子具体解释一下。共享单车不但运营模式简单，应用的技术在早期也没有什么高科技含量。ofo单车就是设置了一个简单的密码锁。这种并不复杂的模式创新非常容易通过资本投入迅速催熟产业。由于进入早且退出迅速，金沙江投资ofo也算是全身而退，但其实风险非常大。除了创新难度低，共享单车的骑行大数据较为单一，用户app使用时长过短，无法带来多维度的用户行为描述，附加更多的生意。换句话说，就是能互动和关联的要素太少。仅仅提供最后一公里出行解决方案，根本无法维持创始人独立运营的雄心。最终ofo破产，摩拜并入美团成为流量工具。共享单车无法与更多传统产业要素互动,拓展更大的市场,终为资本所抛弃。失败是植根在其行业基因当中的,投资人理应早有警醒。

因此,分辨长期趋势与短暂风口的关键在于创新难度,而关键科技的突破可指明最佳的时间窗口与进入期。

[个人未来规划指南]

人在增长型的企业和团队中才能不断成长,职业发展离不开组织。因此,个人同样受到吉布拉定律的影响。只有选择与未来趋势契合的平台才有发展机会。这几乎决定了人一生所有的非资产性收入。

为了去好的平台,该做什么准备呢?除了遵从前面提到的战略法则,能否及早发现大趋势很关键。好平台多半是公认的,这时的进入门槛已经很高。早一点发现趋势,进入成本会低得多。亨利·福特说过,"见人所未见,乃致富之道。"

下面是针对把握趋势的一些建议。

①以自身的兴趣和优势为起点。把握趋势不是追热点,随大流。培养自身的强项是基础。任何趋势所需要的人才都不是单一的,而是多样化的。

②保留选择权。未来是不确定的,选择权的价值在于能降低波动性风险。这很类似金融中期权的概念。本科期间尽可能

选择基础类的学科。基础学科的应用范围广，具有较宽的选择权，像理科的数学和物理、工科的计算机、文科的经济学等。

③选择影响范围广，能链接更多要素的行业。影响越广，链接的要素越多，其持续扩张的可能性就越大。比如互联网、大数据或人工智能领域。在大的领域中，还要针对细分领域进行评估和对比，选择那些有可能形成通用型平台而不是垂直型平台的行业。如果找不到特别有兴趣的领域，金融公司和投行也是好的选择。但这些平台对人的能力和资源要求非常高，必须十分谨慎。

④选择能联动更多资源的项目和岗位。进入平台后，个人的历练才刚刚开始。选择那些能联动或涉及更多资源的项目，它们能对组织甚至是整个行业的发展起到推动性作用。

⑤跟对人很关键。人的不断成长取决于所在的企业和团队。会选平台，更要会选团队。跟对趋势，也要跟对人。优秀的人不但有可能比你更早地发现趋势，还会把你带进更高一层的境界。

⑥不要放弃对科技的关注。科技对颠覆性创新的作用巨大，始终要把一部分目光放在科技发展上。拉车看路，两不误。

趋势法则并非要我们学会如何预测未来，因为绝大多数人无法准确判断。它告诉我们的是在面对无可避免的趋势时，学会如何做好准备，随时间发展顺势而为。

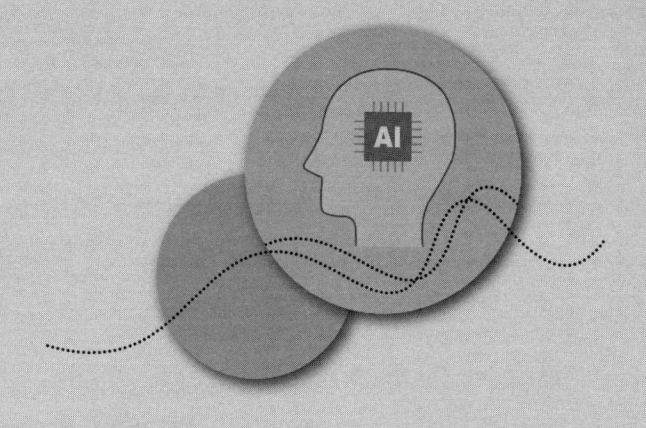

第6章
析需法则

技术是任何颠覆式创新的基础。公司未来的技术路线和技术战略会影响企业对机会的把握，影响公司的投资方向和资源分配。仅关注行业技术发展和公司研发路径等供给端要素已经不能为企业提供较为合理的指导。结合需求端分析，可以让我们看清现有的弊病、风险与挑战，为未来指路。此外，市场需求决定了技术的最终价值。如果能考虑市场需求的差异性，我们会对技术战略有更新的认识。

两种技术战略模式

技术战略首先要考虑产品技术的生命周期。无论是从供给角度还是需求角度分析,技术发展都要经历导入期、成长期和成熟期。在这期间,技术变革主要由两个方面的力量所主导。一个是能满足顾客使用需要的产品创新;另一个是满足价格接受度的流程创新。

技术在导入期,研发的主要方向是产品创新。产品创新用以满足用户的需求。众多技术中的一种主要技术形式(dominant design)将在竞争者中脱颖而出,其余则几乎湮灭。因此,初期也是技术风险最大的时期。成长期产品创新的速度下降,而流程创新突起。流程创新用来提高生产效率,降低成本和售价。到了成熟期,所有的创新速度都会下降。

如果我们把需求端考虑进来,改变传统的技术生命周期分析，会使其更加符合实际。Adner 和 Levinthal[1] 利用模型，从市场需求差异化的角度进行了分析。我们主要看两个关键要素。一是满足顾客需求的功能水平（functionality threshhold，这和价格无关）；二是顾客购买的意愿水平（net utility threshhold，客户愿意支付的最高价格）。注意：这两个基准水平不是一成不变的。用户获得的满足是递减的，且在市场中非均匀分布，即需求存在差异。这意味着不同细分市场用户的最佳技术战略是不一样的，会有不同的产品创新和流程创新的组合。

企业可以通过定位改变产品的技术特点来满足不同需求的细分市场；或者选择让产品追随技术生命周期发展来应对细分市场的变化。为了解释不同的战略组合，Adner 和 Levinthal 描述了两种不同的引入模式，新世界模式和新市场模式。

新世界模式（new to the world）是领导者策略，描绘了以产品创新进入市场的变化周期。产品在满足用户基准需求后，功能得到进一步完善，同时价格也在上升。这时以产品创新为主。领导企业在建立标准的同时也树立了品牌。之后，主要通过流程创新降低成本和价格，以吸引更多的新用户，扩大市场份额。在进入成熟期后，两类创新都会下降。

---

[1] ADNER R, LEVINTHAL D: "Demand heterogeneity and technology evolution: implications for product and process innovation", Management science, 2001年第47卷.

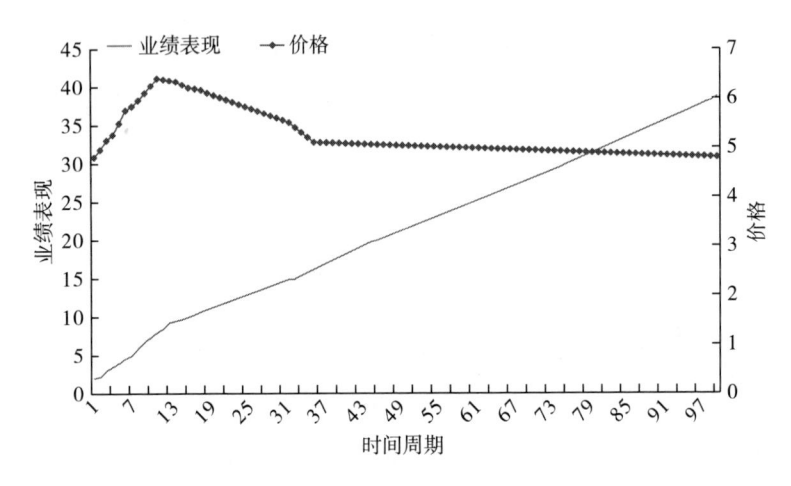

图1　新世界模式

新市场模式（new to the market）是挑战者策略，描绘了以流程创新导入市场的变化周期。初始起点较高，功能相对完备，产品创新和流程创新共同进行。导入期和增长期同时开始，通过不断降低成本价格进行市场渗透。当价格降低到一定程度，公司已经难以再通过价格吸引更多的新用户。公司需要在维持价格的同时，不断进行产品创新和功能提升，通过提高价值盈余使消费者维持购买。

新市场模式跳过了最初的技术不确定性，风险较小，起点高，初期业绩表现亮眼，但也存在很大的问题。作为行业的挑战者，选择的是较为成熟的技术。初期的创新重点在于流程，通过降低成本和价格成为品类杀手。但随着市场渗透率的提升，再通过价格已经很难获得新用户。这时如果不能通过产品创新

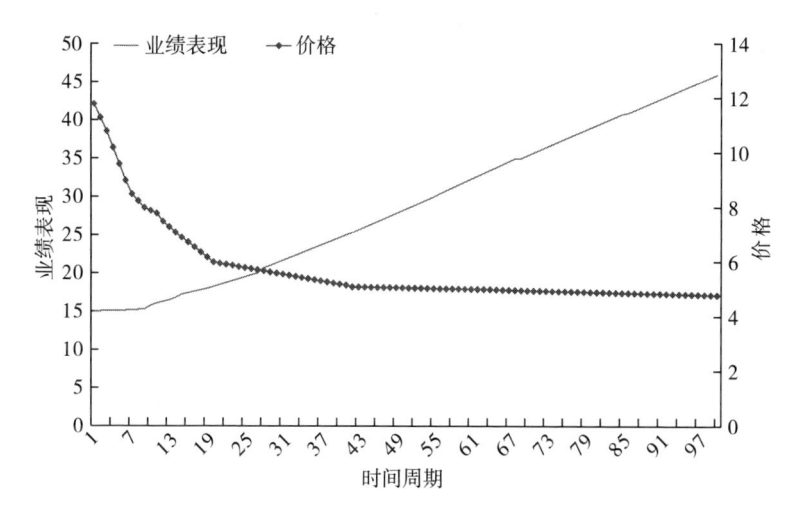

图2 新市场模式

维持用户的购买,就很有可能出现用户流失。不断的产品功能提升却没有品牌溢价的配合,企业很容易由于增加的资本支出陷入低盈利或不盈利的困境。如果前期品类杀手的定位在消费者心智中影响过深,公司会很难转变。

战略通常把产品市场和资源市场结合起来考虑。也就是说,产品市场的需求和资源市场的供给被看作战略的一体两面。公司依据客户需求制定产品创新和流程创新的不同战略资源组合。不过,这只是理解析需法则的一个角度。还有一个角度是通过需求端因子来分析产业环境或价值链,看这些因子对资源组合的影响。

需求端因子分析

Adner和Zemsky[1]归纳了影响可持续竞争优势的两个重要需求端因子。

①消费效用边际递减DMU，即消费者喜新厌旧的速度。递减率越低，速度越慢，就越能带来战略业绩的提升。

②消费者多样性CH，即消费者对质量和口味的要求程度。这决定了策略选择是成本领先还是差异化。

这两个需求端因子会影响到战略资源能否充分发挥效用。

这里有一个重要的假设前提：价值创造的非连续性（discontinuity）。非连续性指同一行业的不同企业由于资源不同，在市场上开始创造价值的时间不一样。这凸显了资源协同的重要。在市场形成初期作用更明显。公司可以利用现有资源的多元化战略，进入新的市场，形成技术领先优势。在后面的介绍里，我们会发现技术领先是一个重要的变量。

Adner和Zemsky认为现代战略学有三个主要方向值得研究。其中，战略资源理论和附加价值理论（added value approach）属于供给端分析。分析需求端对于战略的实质性影响属于战略管理中的需求分析理论（demand-based perspective）。但需求分析

---

[1] ADNER R, ZEMSKY P: "A demand-based perspective on sustainable competitive advantage", Strategic management journal, 2006年第27卷。

理论也是建立在附加价值理论（added value approach）概念的基础上，会用到公司的价值创造公式。

公司的价值创造（value creation）是自身所创造的价值，是能获得多少价值的基础；附加价值（added value）是公司能获得价值的上限，取决于公司的竞争优势。最终获得的价值可能会大于，也可能会等于或小于创造的价值，这和我们后面介绍的捕手法则有关。

应用析需法则的第一步，是要搞清楚需求端因子。我们需要进一步解释消费效用边际递减DMU和消费者多样性CH这两个要素，以及还有哪些因子会影响企业的价值创造，这些因子对战略资源组合有什么影响？尽管列公式会降低内容的可读性，但为了便于阐明各个变量之间的相互关系，笔者还是把公式列出来。毕竟公式可以更清楚明了地展现各因子之间的关系。

公司价值创造（value creation）的公式是：

$$V(t) = WTP(t) - cost$$

其中，$V(t)$是企业创造的价值；WTP是客户愿意支付的价值；cost是企业愿意支付给供应商的最大价值，也可以理解为市场平均盈利水平（客户的机会成本）。这些概念是等价的。企业有能力创造超额利润，才愿意多支付成本给供应商。

$$WTP = a[X(t)]^{\wedge \beta}$$

其中，a＞0，代表消费者对质量和口味的要求，体现了消费者

多样性CH的不同；β代表边际效用递减DMU的影响，取值在0~1之间；如果不存在DMU，则β取值为1；X是产品表现

$$X = b(t+h) + r$$

其中，b>0，代表公司的技术轨迹，是在上升还是下降，可用来比较不同公司的技术优势；h>=0，代表公司的先发优势，是市场领先的时间；r是公司产品带来的增值，可表现为更高的售价，是一个修正的固定值；t是时间变量。

可以看出，客户愿意支付的价值WTP同时取决于消费者、产品（技术、市场领先、产品增值）、消费效用边际递减DMU；WTP是一个时间t的递减函数，随时间而下降。

公司的附加价值是企业能获得价值的上限，等于业内所有企业（包含自己）创造的价值减去所有其他企业（不含自己）创造的价值，具体公式为：

Added value of a player = value created by all players − value created by all other players

或者，

Added Value = $V_i(t)$ − 市场平均盈利水平；这里的平均盈利水平指行业标准产品获得的利润。

或者，

Added Value = 净竞争优势 = 差异化优势 Ad + 成本优势 Ac

综合上面两个公式，我们可以看出，公司获得的附加价值来源于价值创造V（t）和竞争优势。如果没有相对于业内对手players的优势，就不会产生附加价值。

但附加价值最终受客户需求、消费效用边际递减DMU、技术和其他资源等因素的影响。消费效用边际递减DMU会随时间削弱先发优势h。需求和供给是一体的两面。技术对于价值创造和价值获得都有重要影响。尽管老技术会有时间上的先发优势，但新技术会改变市场边界和市场条件，且新技术和旧技术的边际成本也是不同的。

研究结论如下。

①如果企业有技术优势Ad，假设该新技术能降低市场的消费效用边际递减效用DMU。其降低程度越大，企业替代对手旧有产品的速度会越快。这是因为消费者更愿意接受新产品和新技术。

②如果技术优势Ad相同，企业仅有成本优势Ac。市场的消费效用边际递减效用DMU越高，替代越快。这是因为差异性缺失时，只有成本起作用。

③如果企业具有技术劣势，仅有成本优势Ac；短期可以支撑，长期则无法持续。

这里需要注意，技术优势是局限于细分市场内的，而成本优势是可以跨市场的。

因此，市场的消费效用边际递减DMU和企业的技术优势决定了策略选择是差异化还是低成本。请关注这些建议。

①如果新技术能降低市场的消费效用边际递减DMU，则企业应采取差异化策略。

②成本优势是竞争的必要非充分条件。一旦DMU偏高，公司需利用成本杀器。

③公司必须保证技术上不落于人后，否则将最终失去市场。

应用析需法则的第二步：仅分析需求端因子还不够，我们还要把它们与资源分类和资源管理相结合。Adner和Zemsky把战略资源分成以下四类。

流程资源process resources（可降低生产成本）

产品资源product resources（可提供差异性）

时机资源timing resources（技术开发的时间优势）

创新资源innovation resources（技术开发的演化路径）

不同的资源具有不同的作用，同时互相之间具有不同的作用属性。这种资源分类把资源市场和产品市场结合在了一起。

首先，根据价值创造的公式中的b，h，r，c进行战略资源分类。

$$V(t) = a[b(t+h)+r]^\beta - cost$$

c流程资源（process resources），带来生产成本优势，表现为更低的成本。

r产品资源（product resources），带来产品优势，表现为更高的售价。

h时间资源（timing resources），带来先发优势，表现为更多的领先时间。

b创新资源（innovation resources），带来技术轨道优势，表现为更先进的技术。

其次，分析一下消费效用边际递减DMU可能对优势资源的影响。我们先假设公司独特的优势资源不可复制。

①流程资源使公司的盈余rent在进入市场初期上升，然后持平于公司的相对成本优势$\triangle c$乘以其市场份额S_m处，即$\triangle c * S_m$。

②产品资源和时间资源使公司的盈余开始上升，而后趋于零。即使资源不可复制，消费效用边际递减DMU仍会使盈余趋向于零。

③创新资源使公司盈余在开始上升，而后长期继续上升但增速下降。

反之，如果我们假设资源独特性可复制（这一假设更符合实际）而DMU为0。我们会发现：资源可复制性和消费效用边际递减DMU可以互相替代，都对企业长期盈余或可持续竞争优势造成负面影响。公司需要在战略规划时考虑这两个因素。

简单来说，由于消费效用边际递减或资源可复制因素的作用，产品优势和先发优势都不能保证企业获得长期额外盈余；成本优势很重要；降低DMU的可复制性也是一种不错的战略选择。但长期来看，只有持续创新是唯一的竞争利器。

再次，我们来看看这四种资源之间的互动。

这里先解释一下不同资源之间具有的相互作用，可以用数学来表述：

次加性 subadditive（1+1＜2）

可加性 additive（1+1=2）

超加性 superadditive（1+1＞2）

公司的资源之间如果具有超加性（1+1＞2），就能产生正向的价值创造。

看下面推论：

①创新资源和时间资源是超加性（1+1＞2），并可持续。

②产品资源和除了流程资源之外的其他资源都是次加性（1+1＜2，现有产品优势可能是创新的障碍）。

③流程资源和其他资源都是可加性（1+1=2，节约成本总是不会错的）。

④成熟市场中，消费效用边际递减DMU会使资源组合的有效性下降并消失，这和管理者的水平无关。

⑤剥离资源使之独立会降低原公司的价值创造。

因此，管理者要能通过调整资源组合释放不同资源之间的合力。

最后，再看看多市场和多资源的策略变化。

前面我们分析的是单一市场，在多细分市场中：

①进入高端市场获得的价值创造对低端市场有正面的品牌影响。具有差异化优势的公司会先进入高端市场；而低成本优势的公司应先进入低端市场，这样它的差异化劣势较小。

根据波特的竞争五力学说，公司应避免同时追求两种不同的策略方向（差异化和低成本）。对应到资源策略，这个问题就变成：我们是追求单一资源策略，还是可以同时追求复合资源策略（resource generalist strategy）？

单一资源或多资源策略的选择主要有三个驱动因素：时间（time），复杂性成本（cost of complexity），利润（profitability）。

②选择复合还是单一资源策略，取决于维护资源需要的复杂性成本是否大于产品资源带来的利润。如果复杂性成本非常低，低于产品资源带来的利润，则可以寻求多市场复合资源策略。如果复杂性成本高于产品资源带来的利润，则应追求单一资源策略，以差异化策略进入市场。比如我们看到宝洁公司就成功地实现了多品牌策略，有定位高端的，也有低端的。这证明其有能力维护复合资源。当然，也有其他公司试图复制这种

策略，但不成功的案例。达能曾雇用了一位来自宝洁的经理负责中国市场的低端饼干品牌，力图模仿印度，实现突破并碾压对手纳贝斯克。但该计划并不成功。

③假设产品资源的收入大于维护成本，在单一市场中，消费效用边际递减DMU会对产品资源的时效性起作用。DMU越高，优势生存时间越短。而DMU对流程资源的作用则很模糊。长期来说，随着消费效用边际递减DMU的影响，公司的最终策略可能会从差异化转移到低成本。不应忽视这种长期趋势。

综上，客户和市场的需求因子是决定附加价值和资源战略的关键要素，但也会被公司的策略所影响。上面这些角度可以作为大家后续研究的参考。析需法则强调的重点是战略必须分析市场需求，并使之与资源管理结合。

[个人未来规划指南]

> 个人发展的需求端分析有两部分。一是公司所在市场的需求分析；二是企业用人的需求分析。
>
> 第一部分容易理解，我们需要了解所在平台的发展是否符合预期。影响公司战略决策的需求因子也会影响到个人。这里提醒大家的是：真正的大老板并不是坐在宽大办公桌后面的那个人，而是愿意付费的用户。这也是为什么市场和销

售部门往往是一个公司的核心。

我们重点来讲讲第二部分。趋势法则中提到，只有正经历颠覆性创新的行业早期才有系统性的增长机会；而此时企业最需要的是产品创新。个人能力类比产品创新与流程创新的划分，可分为突破能力和效率能力。技术、营销、人力或财务，无论哪些岗位，新兴行业里个人只有具备突破能力才有机会实现产品创新。当然，员工也需要具备效率能力来达到流程创新中的成本和市场拓展目标。

个人需要在背景经历中重复体现创造、突破和不因循守旧的能力，以证明自己。同时，平衡突破和效率。所谓突破和效率能力都要有实际业绩支撑，经得起背景调查。每一年都要计划和复盘是否完成了目标。时间有时是最好的背书。

除了进行能力划分，还需要进行相关职业的需求因子分析。

类似客户愿意支付的价值WTP，企业愿意支付的价值也取决于职业、技术、经验、岗位和时间效用递减。对大多数人来说，超过35岁后，企业愿意支付的价值就是一个时间t的递减函数了，随年龄增加而下降。我们要做的就是尽量降低这个递减值。

有三类资源可以帮助我们减缓自身职业的价值递减速度。它们分别是产品资源、时间资源和创新资源。

①产品资源对应的是更高的价值。从职业发展角度看，获得更高收入的基础资源有二：一是个人的经验和背景；二是调动其他资源的能力。如前所述，大项目经验和连接多方资源的能力会给你带来更高的价值。但这些都是需要时间积累的。如果速度快，运气好，就能在自身价值递减之前获得足够的反作用力。

②时间资源对应的是面对年轻竞争者在时间上的优势。要想不让时间成为负资产就要在有限的时间内获得更多的整体资源累积，并使其难以复制。据说马斯克时间安排精细颗粒度为5分钟。很多互联网大佬以15分钟为精细颗粒度，不知道你的设定是多久？

③创新资源对应的是突破传统和困境的能力。尽管人可以努力维持热情，以创新面对挑战，但随着年纪的增长，这类能力确实是在削弱的。弥补的办法是招募和组织更多有突破和创新能力的年轻人。公司老人有自身的管理优势，可以帮助公司建立创新型的组织。除了组织和管理，还应该学习那些互联网大厂的战略投资模式，调动自身资源去帮助这些年轻人。"宣父犹能畏后生，丈夫不可轻年少。"衰老是没法避免的，但选择和年轻人站在一起可以帮助我们延缓这一趋势。

还有一个建议和流程资源或价格相关。当你进入一家有能力践行颠覆性创新的企业，应该选择较高的比例用股权而不是工资作为报酬。这可能让你获得大额资本利得的机会；同时，创新型企业也会很喜欢这类员工。此外，将工资性收入转化为投资性收入也是随年龄增长的必然选择。

总之，满足具有增长潜力的创新型企业的用人需求，可以让自己更快速地成长。

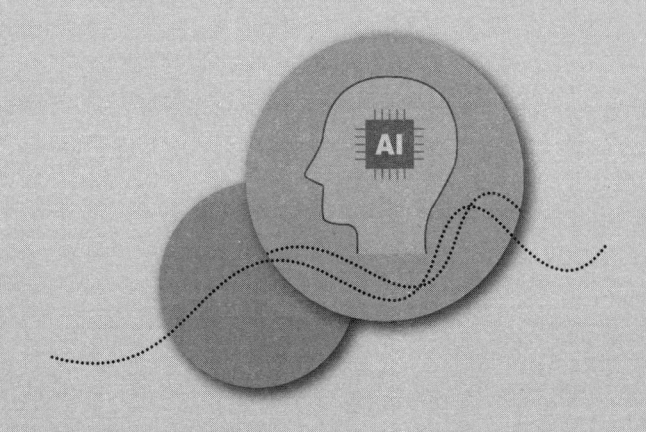

第7章
捕手法则

制霸市场的顶级捕手位于食物链的顶端。不但能做大蛋糕,还能多分蛋糕。这不仅是因为捕手懂得选择合作伙伴,一起创造竞争优势;还因为捕手在合作中处于支配或者被需要的地位。合作伙伴无法离开捕手而存在。

◯ 价值与二阶博弈论

在析需法则中，我们介绍了附加价值理论（added value approach）。公司的价值创造是供应商、企业、下游渠道、客户，以及包括其他合作伙伴在内的价值链（网）共同协作的结果。但除了创造价值，最终企业获得价值的多寡才能体现战略的成功与否。对Brandenburger和Stuart[①]来说，这与企业的价值捕获能力有关，取决于公司在价值的分配中能否占有有利地位。简单来说，就是除了做大蛋糕还要能多分蛋糕。

分析价值创造时，我们假设：行业标准产品不产生附加价值。行业标准产品作为外部的机会成本，在计算时，从企业创造的价值中减去（见上章"析需法则"的公式）。也就是说，标

[①] BRANDENBURGER A M, STUART JR H W: "Value-based business strategy", Journal of economics & management strategy, 1996年第5卷。

准品不但不产生附加价值,也无议价能力。价值创造与价值链内的议价能力无关。价值捕获反映的是价值链(网)内各企业之间的议价能力。各个企业之间会产生合纵连横的复杂博弈局面。能创造价值只是价值捕获的必要不充分条件。

这里,Brandenburger 和 Stuart 提出了二阶博弈论[1]的概念。所谓二阶博弈,也就是企业的战略博弈分为两个阶段:选局和入局。企业策略的终极目的就是创造价值并改变价值的分配状况。战略分析过程往往从价值分配的现状开始,为改变现状通过竞争性博弈获得最佳的选局组合,决定与谁合作,与谁竞争。这就是第一阶博弈。竞争性博弈研究的是如何让己方阵营获得最大利益。合作者之间通过合作性博弈获得合理的利益分配。这是第二阶博弈。合作博弈强调合作者之间不同力量的对比,且无需对他们之间的关系进行事先定义(例如定价权,买卖互动等等)是一种自由式建模。

总结一下,二阶博弈包括两个部分。

①选局。竞争性博弈决定策略行动,包括:进入市场、定位、品牌、产量、研发、退出市场等。

②入局。合作性博弈量化竞争环境,决定利益在合作者间的分配。

---

[1] BRANDENBURGER A, STUART H: "Biform games", Management science, 2007 年第 53 卷。

二阶博弈论的具体理论涉及很多合作博弈的概念，区别于竞争性博弈。我们介绍几个关键点。有兴趣的人可以去研究参考文献中的相关论文。

夏普利值（shapley value）：在合作博弈中，通过考虑参与者的加入顺序而做出的边际贡献，来公平地分配合作收益。参与者的夏普利值是其对于一个合作项目所期望的贡献量的平均值。简单来说，就是在合作中根据边际贡献大小合理分配利益。

核心（core）：所有能使合作博弈中总合作稳定的分配集合就被称为核心core。核心的任意一个分配都不导致参与者组合脱离总合作，因为建立一个新的合作并不能使得参与者组合获得更大的益处。核心可以被用来对合作竞争建模。

非实质性博弈和实质性博弈。所谓非实质性博弈，就是总体之和不等于子项之和。反之，如果合作不产生任何合力作用，各个局中人所得到的分配等于不合作时各个局中人的收益之和，则称这种博弈为实质性博弈。

二阶博弈论的应用为我们对战略进行计算机模拟提供了可能的路径。其内容本书最后一章再讲。二阶博弈论不仅是捕手法则的基础，也是量化法则和AI化法则的基础。

超级捕手的秘密

二阶博弈论让我们了解了战略博弈的两阶段过程。在一般性竞争环境中，什么样的情况才能保证企业一定能获得利益分配呢？这里的一般性竞争环境指既不是完全竞争，也不是完全垄断。一般来说，这两者都不是我们需要分析的常态。研究者[1]使用下面几个简化的模型对合作博弈在利益分配中的应用进行了分类。目的是指出研究的主要对象。

纯议价（pure bargaining）：尽管具有无法复制的技术和产品，但如果客户具有优势地位，则厂商仍不能保证获得超额收益，需要进行议价。

完全竞争（perfect competition）：厂商和客户的充分竞争状态决定谁也无法获得超额收益。

垄断竞争（capacity-constrained monopoly）：如果厂商产量低于市场需求，厂商将获得全部超额收益。

完全分配（full appropriation）：比较特殊，各方都获得了自己的额外收益，因此没有完全议价行为。上面的类型中，完全竞争和垄断竞争属于完全分配，而纯议价不属于。

---

[1] MACDONALD G, RYALL M D: "How do value creation and competition determine whether a firm appropriates value?", Management Science, 2004年第50卷。

不符合以上所有类型的就是我们研究的主要对象。也就是说，如果参与者方未能全部获得自己的额外收益，且不是完全依赖议价进行利益分配，需要通用模型进行分析。研究对象更接近于我们现实中的差异化市场，既有竞争，也有合作。

我们来看看研究所得出的一些推论。

①企业价值创造的存在是竞争优势的必要条件。也就是说，如果不创造价值，公司就没法获得额外价值。

②企业被合作伙伴需要也是竞争优势的必要条件。也就是说，合作伙伴如果对我方不存在依赖，则无法获得额外价值。

③公司能分配超过标准产品所获得的利益是竞争优势的充分条件。这里的竞争优势来自于价值创造和利益争夺的混合。我们这里介绍一个概念，外部网络效应（network externality），指合作价值网内，公司外部的互补性产品本身虽能创造价值，但是会降低公司现有产品的议价能力。这是因为需要向其他参与者让渡更多的利益。外部网络效应可能使参与者失去或获得额外的利益。通俗地说就是，如果对合作伙伴有依赖，就必须让渡利益。

④在资源能被完全复制状态下（包括技术、产品以及相关服务），没有公司能获得竞争优势。不可复制资源是竞争优势的重要内容。这里的完全复制状态指的是竞争厂商的产品、技术和组织完全相同，且能服务全部客户。能服务全部客户指的是

扩张能力（expand output）。

⑤对于非完全复制状态下的竞争公司来说，他们都可以获得竞争优势，且分配的利益具有相等的可能性。非完全复制状态指竞争厂商间存在差异，且不能完全服务全部客户，或者说不具备完全扩张能力。

这些看似明显的结论却告诉我们一个经常被忽视的事实。竞争优势的核心是资源的不可复制性、价值创造性和合作伙伴的需要。单纯的技术资源并不能保证竞争优势，尤其是在创新技术可能被模仿的情况下。我们以技术授权过程作为类比。授权其实很类似创新技术的被模仿过程。确切地说应该使被模仿成为一种有控制的技术散播模式。领先者可以因此获得一些经济上的回报。但如果公司授权出去的数量过多，授权买方的谈判会使卖方失去利益分配。维持议价优势是领先者获利的一个必要条件。同理，超级捕手公司的技术力一定要和市场力结合才能产生竞争优势。很少有人能在两个方面都做得很优秀。

如果我们把这个结论推广来看，对市场的进入、控制、瓜分和技术的传播过程都对企业的利益分配产生影响。由于不存在有价值的、完全稀缺的、无法复制的资源，因此企业其所处的环境和相对地位反而可能是博弈中决定竞争优势的因素。由此可见，以迈克尔·波特为代表的战略设计学派也很有道理。公司战略研究怎么创造价值和获取价值，需要综合战略资源理论、价值创造理论和战略设计理论。

很多平台公司建立起来的生态系统就是应用捕手法则的很好例子。我们以外卖平台美团为例。在遇到饿了么"平台补贴商户、商户补贴用户"的活动竞争时，在无平台补贴的情况下，美团强制执行"商户补贴用户"。也就是说，这笔促销费用完全由美团的签约商户承担。公开信息显示，2015年美团抽成仅为5%，低廉的费用吸引了大量外卖入驻商户。2015年美团入驻商家约为50万，2017年上升至270万，而到了2021年底，这一数字已经超过900万家。随着商家数量、线上流量和整体规模的扩张，美团的外卖抽成从最开始的5%一路上涨。上市后，美团的抽成更是曾经涨到过22%，为外界所诟病。目前，美团抽取快送商家18%的订单抽成，抽取众包商家5%。不仅仅在合作商家一端，对于配送这块，美团一样占据了绝佳的捕手位置。美团外卖骑手（包括快送和众包）已经达到950万人。美团通过灵活用工形式，利用第三方公司对骑手进行管理。骑手通过注册个体经营户的身份为美团提供服务并获取提成收入。他们没有能力对美团形成任何利益威胁，美团也不必承担这些骑手的工资和劳保问题。

抛开可能的社会风险，美团的运营模式充分体现了捕手法则。捕手能在价值链中获取大部分超额利益主要是依据其支配地位。正如《孙子兵法》所云，"故善战者，致人而不致于人。"

[个人未来规划指南]

李嘉诚说过，他只拿经济回报的49%，而将51%给予合作伙伴。这种方法让他获得了大量的生意。不管真假，这种策略确实可以看作通过让渡单位利润而获得更多市场份额，类似薄利多销。如果我们顺着捕手法则的思路考虑一下：假设薄利多销可以占领市场，当所有的人都开始压低成本时，这种方法就失灵了。因此，可以肯定这种策略是不可能长期有效的。

长期维持收益需要你和合作伙伴形成的联盟通过竞争优势击败市场上大多数对手。这是一阶博弈。如果你不想将超额收益的分配向合作伙伴倾斜，那就必须让他们形成对你的依赖，而不是相反；否则，最成功的策略玩家就是你的伙伴了。这是二阶博弈。研究捕手法则的要点在于将创造价值和分配价值分开分析，而后结合起来考虑其长期的相互作用。

进入一家优秀公司是成功的基础，但仍无法保证个人能在职业发展中获得足够的收益分配。譬如，加入美团管理团队和成为美团的合作商户或骑手是完全不同的结果。进入超级捕手公司的核心管理层可能是解决问题的方法。大多数下属对管理者在信息分享，资源调配等方面存在依赖。这给管理者带来了更多利益分配的权力。

即便不是核心管理者，如果处在信息网络的中心，也会拥有特殊的分配地位。结构洞理论（structural holes theory）是由罗纳德·斯图尔特·伯特在《结构洞：竞争的社会结构》中提到的一个关于社交网络的概念。对结构洞的研究跨越了社会学、经济学和计算机科学的领域。该理论认为，个人嵌入到社区或其他社会结构的方式使其拥有特定的位置优势或劣势。大多数社会结构的特征都是密集的强连接群体，也称为网络闭包。一个结构洞被理解为拥有两个互补信息来源的闭包之间的渠道。这个理论依赖于一个基本的观点，即信息、新思想和行为的同质性在闭包群体中很高。在两个或两个以上的闭包人群中充当联络人的个体，可以获得重要的比较优势。在不同的群体之间的桥梁位置允许他将有价值的信息从一个群体转移到另一个群体。此外，个人可以将从不同来源获得的所有想法结合起来，并提出更具创新性的想法。但这不意味着站在这个位置没有任何风险。位于结构洞的中间人处于一种不稳定的状态，因为与不同群体的关系可能是脆弱的，而且需要时间和成本来维持。是否采用结构洞策略，需要评估具体的收益和成本。

我们来举一个结构洞的例子。在互联网＋最热的那几年，总有人想尽各种方法颠覆传统行业。比如，利用网站把房主和买房人直接拉在一起，跳过房产中介，通过网络平台提供信息服务，减少中间环节节约成本，提升效率。但由于结构洞的存在，这个想法是根本不可能实现的。房产中介既熟悉当地房屋的市场供应，也熟悉市场需求情况。他们可以利用买卖双方的信息不对称协助进行价格谈判。离开了中间人的撮合，双方成交的可能性大大降低。因此，地产中介的存在是有其价值的。

结构洞也可以运用到商业中，分析不同公司扮演的角色。此外，也能影响公司内部不同部门和岗位的价值。该理论提醒我们，不要忽视个人跨领域能力的培养和开发。过于狭窄的专业领域会限制职业发展。

谈了这么多，不要误会捕手过分功利，只关心利益分配。价值分配的基础是价值创造，尤其对于个人职业发展而言。价值分配促进更多价值创造才能维持长期的竞争优势。作为职场人应该尽量创造并捕获增量价值，而不是动别人的存量奶酪。把眼光放长远，避免为了过分追求短期利益，而竭泽而渔的情况出现。利益纠纷导致的失败在很多创业团队中并不少见。

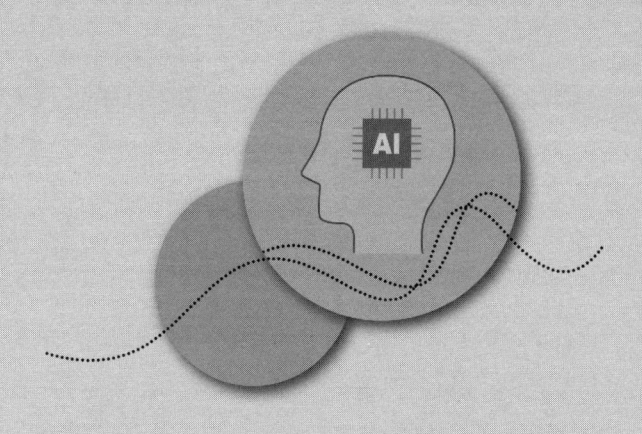

第8章
演化法则

《礼记·大学》里说,"苟日新,又日新,日日新。"我们用欣欣向荣来比喻事业蓬勃发展,兴旺昌盛的景象。然而,没有新新,何来欣欣?公司的竞争优势来自于适应环境变化的资源组合。通过合理决策,或开发收购,或出售剥离,利用现有资源不断获取新资源。这里的关键是能否演化出不断自我更新的商业进化能力。

商业持续进化能力

Teece、Pisano和Shuen[1]认为，在进行战略管理时要关注四种不同的、相互补充的战略理论。

①竞争力量：企业获得经济租金的能力来自于产业结构和企业战略共同促成的垄断性。其中产业结构是主因，强调适者生存。

②战略博弈：企业通过博弈改变外部环境，主要是通过具体行动或发送战略信号改变竞争对手的行为，达成新的、具有优势的战略均衡，从而获得经济租金。

③资源导向的战略：强调公司特有的资源对获取经济租金的有效性。这个理论能解释竞争优势的来源，即由于资源和效

---

[1] TEECE D J, PISANO G, SHUEN A: "Dynamic capabilities and strategic management", Strategic management journal, 1997年第18卷。

率不同，使用相同策略的公司的利润回报不同。这里的资源既可能是硬资源，也可能是组织管理等软资源。公司可采取横向、纵向和多元并购作为战略方向。

④动态能力模型：强调企业的自我更新能力以及对资源的重组。这里有两个关键词：

动态：指能不断根据环境变化，进行自我更新。

能力：指适应内外部环境挑战的各类资源组合能力。包括：适应（adapting）、整合（integrating）和修正（reconfiguring）。我们稍后分别进行具体解释。

注意，前两类理论分析的是产品市场，而后两类主要分析的是资源市场。竞争力量、战略博弈、战略资源和动态能力这四种战略模型CEO都要考虑，以免出现战略盲区。竞争力量和战略博弈模型主要用于分析外部环境要素的策略化；战略资源和动态能力模型主要用于分析内部资源的利用化。

演化法则强调的是第四种理论，分析和管理企业的动态战略能力。这和我们平时说的，持续的商业进化能力是一回事。要生存和发展就需要比对手更好地适应不断变化的环境。

动态管理首先需要我们建立识别竞争优势资源的框架，弄明白与对手的差异到底在哪里？

这和我们前面介绍的分析评估框架是一致的。我们再简述一下。

①分析企业战略资源的三个方面。

亲客户性（user need）。用白话说就是，资产能否满足刚需带来收入。资源的亲客户性有助于衡量未来收入的增长力。

独特性（unique）。资源的独特性决定了公司是否拥有产品的定价权，以获得超额利润或经济租金。

难于复制性（difficult to replicate）。资源的难于复制保证了公司高利润的可持续性。

②区分企业内部和外部市场的有效边界（保留哪些资源，外包哪些业务）。不同公司的有效边界是不一样的。市场交易的内部化，如对内采购，不仅仅可以降低交易成本，而且可以避免过度竞争，达到经验学习和技术的内部转移。将资源保留在内部对于动态能力来说更为高效。这是从动态战略能力的独特视角出发的。

③分析独特的组织能力（unique organizational skills）。组织能力也是一种资源，而且很难被复制。组织架构、正式与非正式的管理流程所反映的能力是资产负债表体现不出来的。

动态战略能力管理

在理解了优势资源后，我们从三个维度对动态战略能力管理进行分解，包括流程、定位和路径。竞争优势的背后是动态能力。外部表现出来的是战略流程，但实际取决于战略定位和战略路径。我们来具体分析一下。

第一，战略流程反映了竞争优势的存在，是一种组织管理，一种商业模式。我们分别从三个方面进行分析。

先分析企业的协作与整合（coordination/integration）能力（静态）。企业管理层要建立一个内外资源组合，通过协作与整合带来更高的产出效率，以获得优势。不同的公司会存在不同的产出效果和成本。这不单是组合中资源的不同决定的，更是一种系统性资源管理能力，难于被模仿。系统性资源管理是一种正式的组织管理，包括有形和无形的过程。其对于资源的使用效率有很大的影响，和激励机制之间是互补的关系。

比如说，麦当劳之所以能成功实现全球标准化连锁运营，和Ray Kroc建立的，具有创造性的管理系统是分不开的。加盟商、供应商和管理团队是这一协作体系中互相依赖的组成部分，以品质、服务和卫生为核心标准。而其他快餐连锁由于不具备这一管理体系，而难以望其项背。

再举个例子，我们知道技术是一种重要的战略资源。少量的技术变革可能引起大量的内部变动，技术和组织之间属于高度依存。因此技术变革的组织适应成本很高。新入局的竞争者往往能通过建立新的组织结构适应技术变革带来的新产品和新服务。这是它们相对于原有玩家的优势。

再来分析组织学习（learning）能力（动态）。学习作为一项战略能力涵盖整个组织和个人。学习可以使战略执行更有效率，但需要更多的沟通与协作。此外，学习需要结合日常的协作流程，共同演进，形成企业的战略新常态。有些企业利用合伙人体系建立了学习型组织，避免了管理盲点。据说，在当年的互联网泡沫破灭时期，阿里账上的钱最多只能支撑半年，但还是花费百万元投入到组织提升和人才建设方面。可见组织和人是成功的保证。当然，更现实的理由可能是组织和人的衰落会对融资产生影响，但能认识到组织学习这一点并愿意投入的企业家想不成功都难。

最后分析自修复和转型（reconfiguration & transformation）能力（动态）。面对外部环境的变化，自我修复和转型能力也是企业发展所必需的。这里的关键是保持灵活性、低成本。上市公司退市之所以有好处是因为可以降低变革的管理成本，有助于迅速应对环境的变化。

静态流程和动态流程互为因果，变化流转。这就是战略流程。

第二，所谓战略定位是现有资源组合的构成和特性，是战略流程背后的驱动因素。做战略定位分析，我们首先需要将资产进行维度化，并进行竞争者间的对比分析。下面是不同的资产类型。

技术资产：指专有技术（know-how），一般无法从市场上交易获得。该资产的所有和使用使得公司与竞争对手之间保持差异性。

互补资产：指配合技术创新的资产，比如生产、运输、服务等。一般位于产业的下游。新的技术革命会破坏原有结构下的互补资产价值。

金融资产：包括现金和可用杠杆。短期对于企业非常关键，抓住机会要靠现金。

商誉资产：指外延式的，能对客户、供应商和对手产生积极影响的品牌、地位或形象。

结构资产：指正式和非正式的，横向或纵向的组织结构以及外部协作关系。

制度资产：指公司所处国家的地理、政治、经济和社会的特别属性。

市场资产：指产品—市场地位。但其重要性趋于下降，市场份额和创新之间的正向关系已经不存在了。

组织边界：公司的定位就是它的纵向、横向与多元化的边界。市场存在无效风险的时候，需要用公司形式提高效率。这里就出现了并购的机会。

资产分类的目的是梳理战略的脉络和定位。资产构成和相互之间的关系决定了战略流程。比如，特斯拉作为新能源汽车技术的引领者，并未采用传统的汽车经销商制度，而是率先采取了线下体验，线上订购的直销模式。当然，相对于4S店，这种方式肯定会便宜。不过其他的原因还包括：

新技术产品的早期不容易找到经销商。

新技术产品需要向用户做大量宣讲,很难控制经销商的执行效果。

新技术产品在成本驱动的降价过程中,老用户和经销商的利益会受到损害。

同时,其品牌公关模式也与众不同,甚至没有传统的公关部门。特斯拉背后的资产构成和投入方向决定了外在的战略表现。

第三,演化路径是指公司与竞争者在历史上与未来发展的曾经与可能的选择,是战略定位背后的驱动因素。这里有两个重点:

①路径依赖(path dependencies),代表过去。经济学分析认为长期来说投资不是不可逆的,一切都可以变化,因此历史不重要。这有一个微观分析的缺陷。历史会对未来产生影响,其长期性难于迅速改变(渐进性);同时改变过多,会稀释公司的能力。因此谁能更适应环境是有历史原因的。环境变化对于新公司来说,包袱小且收益的增加会改善其生存能力。虽然用户的高转换成本有利于现存者,但快速变化的环境让用户偏向于转换收益而不是成本。这里要比较行业竞争者面对的转换成本与转换收益,看看谁更有机会适应新环境;

②技术机会(technological opportunities),代表未来。技术机会的外因来自于基础科学的进步,内因来自组织的灵活性(support flexibility），即内部如何应对技术变化。不同的公司对于技术机会的深度和宽度的评估不一样（这里评估的主要是收入潜力和潜在成本），因此投资决策也不一样。这决定了其发展的路径依赖。

这里最明显的例子，就是柯达公司。作为全球市场占有率曾高达75%的胶片相机产业巨头，柯达首先发明了数码照相技术，并在后续的实验室研究中申请了大量的相关专利。但由于担心对自身胶片产业的冲击，柯达丧失了在数码相机领域发展的先机，最终将整个市场拱手送人。如何抓住趋势性技术机会，同时避免由于路径依赖对自身原有资源的毁灭性冲击是公司在做动态战略能力管理时要思考的。

动态战略能力管理中，我们还需要评估战略的可复制性。在流程、资产、演化路径组成的动态管理闭环中，公司的策略不能让对手轻易复制。这里要区别两个不同的概念：复制和模仿。复制指全面复制对手的资源、规则和流程。而模仿指仅通过重新分配经济资源模拟对手的策略，达到相同的结果（在本书其他地方，这两个概念未做明确区分，可以相互代替）。模仿出来的策略能支持地区和产品线的扩张，且具备学习和改进的能力。这里注意，隐性的专业知识比有形资源更难于模仿。此外，难易还取决于技术秘密和知识产权保护。反向工程难于模仿流程处理技术。因为看不到流程，无法得知结果是如何出来的。综合来说，企业的战略越难于复制和模仿，其价值也就越高。

演化法则告诉我们，可以先通过内外环境分析战略定位、历史路径来识别现在的战略流程，再评估战略被对手模仿的难度，计算面对可能变化做出改变的收益和成本，改进新的战略流程。第一步属于静态分析，第二步属于动态分析。演化法则的关键是不断自我更新，自我进化。

[个人未来规划指南]

持续的演化能力是胜负的关键。一个人的先天条件和资源禀赋再好，也只能决定人生发展的起点而不是终点。决定终点的是不断进化的能力。

所有战略法则起作用的前提条件是不断地对自身进行升级。没有不断的演化，鱼无法登陆；两栖动物无法适应逐渐干燥的陆地环境；温度的变化让哺乳动物比爬行动物更适应大灾难和冰期；而智能的演化让人类成为地球霸主。单纯累积资源是没有意义的。要想让资源的价值不断增长就需要在长期演化上进行更主动的管理。

首先，应该对自身的优势进行梳理。方法上看，需要先维度化资源来明确战略定位。具备哪些资源和历史发展路径决定了我们所处的位置。所谓维度化就是将不同的资源进行分类，便于我们进行动态管理。至于如何进行维度化，可能不同的人会有不同的具体分类方式。这取决于你不同的心理表征。但我们也可以根据上面提到的分类进行模仿。

技术资产：特指个人具有的，超越一般平均水平的专门技术，使个人与竞争对手之间保持差异性优势。无论是数学资优，还是科学、文学、艺术类的资优，都是比较粗的分类，可以继续细分。

互补资产：指能互相配合，创新发展的资优，比如科学和艺术就是互补的。一般来说，能明确不同资优之间的互补关系可以促进其相互价值。

金融资产：这里不仅是指家庭的财力，更是特指对于后代所能给予的财务支持，用于包括课外培训、私校、国外夏校，出国留学、创业、投资等。家庭资产越丰厚，后代能承受的风险也就越高，在试错中成功的几率也就越高。

商誉资产：指个人拥有的品牌，荣誉和声望资产。

结构资产：指各类正式与非正式组织给予的背书，家庭所拥有的、丰富的社会和人脉关系。

制度资产：指所处国家的地理、政治、经济和社会的特别属性。在不同国家的发展策略可能会有不同。

其次，维度化的个人资产和历史路径决定了我们现在所处的位置，也决定了现在的优劣势。我们的目标是否达成？效率如何？学习能力，改进和转型的能力如何？很多人在分析优劣的时候，只是看到差距，而不分析资源和历史演化路径的差异，也就没有办法想出对策。

最后，在对未来趋势进行预判之后，我们就可以结合目前的优劣势来规划新的战略方向，并对资源进行动态管理。不断调整，积累新资源，使资源价值最大化，并最终实现自我目标。

关于资源的动态能力管理，举例来说明。我们之前曾经提到被误用的社团类组织：要么被认为没啥用处而一概舍弃；要么盲目参与，浪费了大量时间。这里的问题不是该不该去，而是应该去参加哪些？要不要调整？社会组织肯定是要参加的，尤其是对于那些想去国外发展的人。

公民社团是西方世界最基本的社会组织。很多人宁愿依靠公民组织，而不是依靠万能的政府。从亚力克西斯·德·托克维尔到尼尔·弗格森①的众多学者都认为西方的兴起和衰落很重要的一点是公民社团的兴衰。托克维尔在《论美国的民主》中写道："美国的居民从小就知道必须依靠自己去克服生活的困难"，"美国人不论年龄多大，不论处于什么地位，不论志趣是什么，无不时时在组织社团"。而尼尔·弗格森认为英国和美国在走下坡路时都遇到过公民社团数量上的大幅下降。可见

---

① 尼尔·弗格森：《西方的衰落》，中信出版社2013版。

社团活动对于个人和社会发展的重要性。

社团既是一个人的结构资产，也可能带来商誉资产。参加哪些社团需要依据个人的演化进行动态管理。尽管社团对于人的社会发展很有好处，但由于精力有限，必然要有所选择。如果把选择的标准定为喜欢与否，则很容易偏离既有的战略定位。通过梳理现有的、不同维度的资源，我们可以了解自身的发展方向和位置。如果保持既有态势，就可以选择对于现有职业发展有帮助的社团，所谓增长板。如果要选择新方向的突破与转型，就可以选择与新方向有关的社团，所谓补短板。

我们以尼尔·弗格森为例。他毕业于牛津大学莫德林学院（Magdalen College），之后在剑桥大学、纽约大学以及哈佛大学等都担任过教职，其专长在于经济史与国际关系史。除了在莫德林学院校友会积极参与活动外，他还参加了与教职所在地相关的三家俱乐部，一家在牛津，一家在马萨诸塞州的剑桥，一家在纽约。此外，为了清理他在南威尔士住宅附近的海滩垃圾，他还参加了慈善组织狮子会在当地的分支。这些社团给他带来的不仅仅是职业发展的好处，还有所在海滩的环境整洁度和房产价值的提升。当然，一味索取肯定是不行的，除了选择参与的社团，为所在社团提供服务，做出相应的贡献也很重要。这能为参与者带来更多正向的结构资产和商誉资产，形成正向循环。

第 9 章

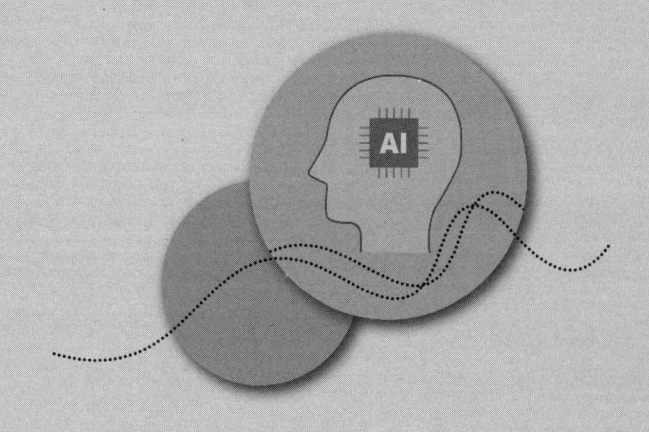

纵横法则

拥有动态管理能力的公司可能会前瞻性地布局一些优质资产，以便为未来的发展做好准备。获取这些优质资产，无论是内部开发、外部收购或者形成战略联盟，都涉及云诡波谲，纵横捭阖的谋略。"苏秦为纵，张仪为横。横则秦帝，纵则楚王。"谁胜谁负是有规律的。

⟡ 以建促买的策略

战略资源的获得有两大主要来源。一是资源选择（resource picking）即"买买买"，利用信息和分析信息形成决策，进行资源购买。二是能力建设（capability building）即"加油干"，利用投资和资源部署提高生产力的能力。这两个来源都可以创造经济租金，但哪个机制才起决定作用呢？如何平衡这两种策略呢？

"买买买"的关键是利用不对称信息或不同的战略理解。比如微软5万美元收购了Q-DOS，然后拿去忽悠IBM，获得了成功。套用李嘉图《政治经济学及赋税原理》中的理论，这很类似地租。作为一种重要战略资源的拥有者，将在长期内将获得最大的经济租金。另一方面，"加油干"的本质是创新力，是全要素生产力。经济学熊彼特学派认为具有破坏性的创新才是经济租金的最大来源。这种创新必然是来自企业内部或企业家自身的创造能力。

我们首先需要明确的是两者之间的区别。能力建设（"加油干"）是一种资源部署能力。知道在哪些方面进行投资，这本身也可以被看作一种特殊的资源。特殊性体现在两个方面：内嵌性和耦合性。

内嵌性是指，能力建设不能脱离组织而独立存在的，也无法被单独转移。

耦合性是指，能力建设和其他资产的联系紧密，其主要功能就是提高其他资源的生产效率。

因此它只能内生内建。对于资源选择（"买买买"），希望购买的资源所创造的经济价值在收购之前就已经出现了。信息分析的不对称性能力无需实际购入某一特定资源就能产生价值。这种能力能够避免购入错误资产带来的损失。而能力建设只有在其他资源已经在组织内的时候才能提高其生产力。换句话说，如果没有合适的资源，无法进行能力建设。

Makadok[①]发现，能力建设和资源选择对于最高出价者来说是相互替代的；而对于不是最高的出价者来说是互补的。这怎

---

① MAKADOK R: "Toward a synthesis of the resource-based and dynamic-capability views of rent creation", Strategic management journal, 2001年第22卷。

么理解呢？

任何具备一定规模的企业都应该尽早布局相关行业价值链上的股权投资，并对潜在投资进行价值调查。同时，投入资源对自己可能出价的收购进行能力建设，以配合起来提高生产效率。这两者完全可以并行。一旦自己是唯一的收购局中人，两者选一即可。对于中小创业企业，或许会面对价格远高于自己承受力的资源，应该先专注于自身能力的提升。也就是说，先"加油干"，同时可以根据能力做好"买买买"的准备。

每个伟大的CEO与其说是魔术师，不如说是麻将和外交高手，知道什么是自己想要的牌，要打的牌。如同战国时代的纵横家，或捭或阖，以最低成本和最大效率来获取资源。

战略要素市场理论的基础是拥有资源的不同决定了创造价值的不同。很多公司不单通过CEO的战略眼光，更利用自身对于特殊资源的互补能力来进行收购。太多互联网大厂都是这么做投资的。针对特殊资源，如果企业事先具有互补能力，那么无论是事前的资源获取还是事后的价值创造都比没有互补能力的企业更有优势。这个因素我们称之为：idiosyncratic bilateral synergy（IBS），即资源交易双方能否产生协同效应。协同和资源选择能力无关，一个买家可能比另一个买家具有更多的协同效用，而这种效用只有在购入后才会产生经济租金。

我们来看看现代纵横家是如何看待收购江湖里的谋略的。

Adegbesan[①]提出了这样一个观点：内部资源分析才能产生竞争优势。战略家要把关注点放在分析企业特定的价值链上，以获得资源的优先购买权和议价权。通过梳理手中的资源组合让自己能买到更便宜、优质的战略资源。

Adegbesan的研究表明，价值的创造和分配取决于资产的稀缺性、合作中能创造的价值和相互的议价能力，这三个驱动要素。

①稀缺性（scarcity premium）：任何买卖参与双方的多寡决定了稀缺的一方更具有议价能力。这是一个组间inter-group要素（淘汰组和备选组之间）。简单说，出价买的人多最终价就高，反之价就低。

②优势互补性（superior complementarity）：在备选的公司中，多少都能获得一定的潜在价值分配。简单说，这是由于备选公司具有优势的互补性。互补既能创造价值也就能分配价值。这也是他们能成为备选组，而不是被淘汰组的原因。这是一个组内intra-group要素（备选组之内）。

③议价能力（residual bargaining situation）：价值在最终匹配的成交双方之间的分配取决于两方的议价地位和能力。这是一个配对间intra-pair要素（一对博弈者之间）。

[①] ADEGBESAN J A: "On the origins of competitive advantage: Strategic factor markets and heterogeneous resource complementarity", Academy of management review, 2009年第34卷。

这三个要素能指导企业的战略资源管理。对于CEO来说，在系统性分析自身资源组合的基础上，以自身优势为出发点寻找具有互补性的战略资源比先知式的战略预测更脚踏实地。最佳的选择是用以建促买策略（build to buy）来代替或建或买策略（build or buy）。分一部分精力来建设资源优势互补性，这样可以更好地创造价值，也为选择内部开发指明了方向。同时，定向开发策略可以帮助公司获得资源市场上的优先购买权和议价权。不至于被卖家疯狂抬价。

时间压缩不经济

如果自行开发战略资源，时机也很重要。由于战略性开发一般耗时很长，时间或者说资源开发的时机就成了战略中的重要因素。耗时长会减少收益，缩短时长会增加各种成本。

Pacheco-de-Almeida和Zemsky[1]提出了一个概念：时间压缩不经济 time compression diseconomy（TCD）：主要是用来分析开发时间和成本的关系。开发的时间越短，成本越高；反之，开发时间越长则成本越低，但收益越少。TCD为指数分布。

从图3中可以看出，距离x轴起始时间点t=0越近，越难以

---

[1] PACHECO-DE-ALMEIDA G, ZEMSKY P: "The timing of resource development and sustainable competitive advantage", Management science, 2007年第53卷。

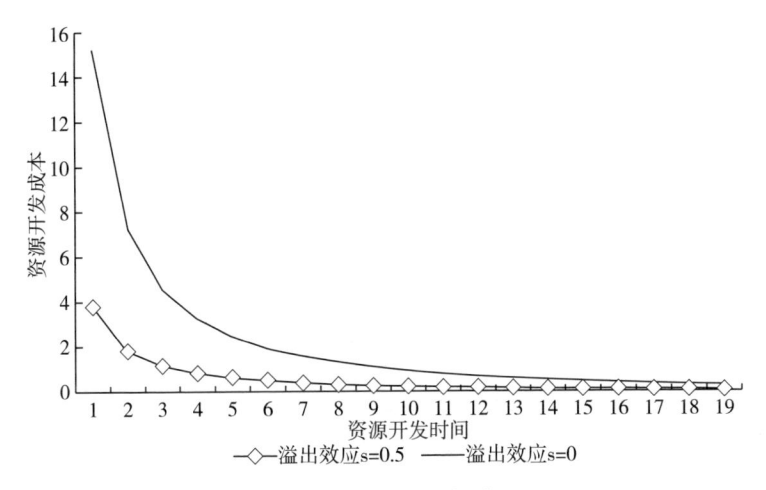

```
 16
 14
 12
资 10
源
开  8
发
成  6
本
     4
     2
     0
        1  2  3  4  5  6  7  8  9 10 11 12 13 14 15 16 17 18 19
                              资源开发时间
              —◇— 溢出效应s=0.5      —— 溢出效应s=0
```

图3 时间压缩不经济

压缩开发时间；反之，距离起始时间越远，高投入可以压缩更多时间。符合回报递减规律。

下面是一些缩略词的定义：

时间压缩不经济TCD代表了收入损失与成本间的平衡tradeoff，呈指数分布。可以用来计算最佳的开发时间。

T_F是开发者的最佳开发时间。

K代表项目开发的复杂性；s代表领先者的技术对跟随者的溢出效应，s越大跟随者越容易进行复制，时间压缩也越经济（上图中s=0.5比s=0在x轴上更接近0）；α代表付出的回报递减率（增加投入带来的时间缩减会下降，或者说导致成本加速上升，不是线性关系）。

ca代表竞争优势，cd代表竞争劣势，cp代表竞争平权（不存在优劣），π代表收益。

ΔF代表平权收入和劣势收入之差$\pi cp-\pi cd$，即后发者的追平收益。

Pacheco-de-Almeida和Zemsky把分析的起点放在延迟资源开发的收入损失和加速开发产生的成本这两者之间的取舍上。对于公司来说，资源开发是通过一系列数量、难度和相关性不同的项目决策进行的。公司的最佳开发时间决策是要使开发项目的净现值NPV最大化。净现值法就是把项目未来的增量现金流用资本成本折现并累加，通过比较净现值的大小来评估和选择项目。

我们来看Pacheco-de-Almeida和Zemsky的研究推论。

推论一：领导者竞争优势的可持续性取决于跟随者的资源开发。如果跟随者开发资源是不经济的，这会使资源无法复制。如果资源不可复制，领先者优势会带来长期的良好业绩。这将促使领先者加速开发资源。

不可复制的原因可能有：开发的复杂性K太高、资本成本r太高、跟随者追平领先者的回报ΔF太低、领先者的溢出效应s太小，以及付出的回报递减率α先增后减，使得跟随者在开始的时候没法加速开发。前期加速开发的成本太高。

推论二：如果资源是可复制的，那么领先者优势的持续时间长短取决于跟随者开发资源所需的时间。跟随者的最佳开发时间受下列因素影响：更高的开发复杂性 K 和资本成本 r 会增加开发时间；而更高的追平回报 $\triangle F$、领先者的溢出效应 s 会减少该时间；α 的作用非单调性。说明一下，这里的复制指完全复制。除了技术复制，还包括市场渠道和价值网上匹配资源等的复制，代表了市场力与技术力的结合。

最明显的例子就是圆珠笔头的特殊钢材。偌大中国不是搞不出来，而是搞出来也没有啥回报。该市场太小且被外国垄断，搞出来卖也赔钱，不如直接进口。这造成了领先者优势的持续。

推论三：跟随者的收入与领先者的溢出效应 s、竞争平权收益 πcp，竞争劣势收益 πcd 成正比，与复杂性 K 和资本成本 r 呈反比。领先者的收入与开发复杂性 K、跟随者竞争劣势收益 πcd 呈正比；和领先者的溢出效应 s 呈反比；和竞争平权收益 πcp 呈非单调性。也就是说，开发复杂性对领先者有利，对跟随者不利；溢出效应越大，领先者越不利；跟随者的劣势收益高，反而对领先者有好处。因为这让跟随者没有太多的激励因素进行资源模仿。这个推论告诉我们，不要过度使用优势资源进入劣势竞争对手边际利润过低的市场，这可能是一件费力不讨好的事。

推论四：关于专利授权。如果专利优势不可复制，领先者不应对外授权；如果可复制，要么不授权，要么尽量全部授权。

这样跟随者的动力大，领先者可以更多要价。复杂性K越高的专利，越不轻易对外授权。对于复杂性低，溢出效应s较大的项目更容易授权。

推论五：假设领先者和跟随者都开发资源，当满足可复制项目比不可复制项目的盈利限制更少，开发速度更快的条件时，则有如下情况。

①无论资源是否可被复制，领先者最佳开发时间的长短与复杂度K，资本成本r和目前收入π_0成正比，与优势收入$\pi c a$成反比；如果资源不可复制，其最佳开发时间独立于溢出效应s、$\pi c p$和$\pi c d$；如果资源可复制，其最佳开发时间与溢出效应s成正比，与$\pi c d$成反比，与$\pi c p$成非单调性。

②若溢出效应s足够大，领先者会比跟随者花费更多的时间或成本进行资源开发。也就是说，如果资源可复制性高，领先不一定带来良好的业绩表现。在这种情况下，谁领先谁吃亏，大家都不太愿意开发。我们都知道缺乏知识产权保护会影响技术开发。

③在既定条件下，存在一个溢出效应的均衡点s'。s在这个均衡点之下，领先者比跟随者获得更多利润。也就是说，领先者的溢出效应s是领先者和跟随者争夺的焦点。对于领先者可以采取相关措施，进而控制均衡点s，使外溢速度下降。比如，针对主要技术人员限制他们的流动性，以及提高对他们违反竞业

禁止的惩罚。而跟随者可采用和领先者类似的开发组织结构，以及进行一系列合作提高溢出效应均衡点s。

④在既定条件下，领先者的最佳溢出效益s=0；也就是说，最好没有溢出效应。跟随者的最佳溢出效益s<1；也就是说，如果=1反而对其有害。这是因为优势资源越快被模仿，领先者越会放慢开发资源的速度。

为了便于理解，上面的推论已经被我大大简化。有兴趣的读者可以研读有关参考文献。总体上看，战略资源的开发时机取决于资源是否容易被复制，以及领先者和跟随者之间的博弈和利益分配。

此外，对溢出效应s的控制，组织形态和内部管理都可能对开发时机有影响。因此，战略更像是一个过程，而不是一个方案或一个结果。

[个人未来规划指南]

个人资源的积累与其社会网络有关，面临类似的两个来源：现有网络发展的新资源和新加入网络的资源。同样是新资源，但他们的成本和效率完全不同。现有网络发展的新资源类似能力建设。由于网络本身已经维护很久，问题少，成本低。而新加入网络的资源由于沟通、磨合等问题，成本较高。毕竟，交新朋友要比维护老朋友困难得多。

如前所述，以建促买是一个非常有效的策略。

个人发展早期，要先关注自身和现有网络的能力建设。自己不强大，无法进行交易互补。俗语说，"没有梧桐树，引不来凤凰鸟"。有必要建立沟通渠道，但不用浪费太多的时间去维护所谓的人际关系。应尽力提高自身资产的价值和稀缺性，优秀的人总能在未来的合作中吸引更多的资源。

现有网络的发展总有局限。要获得资源的持续增长，必然要加入新的网络。有意识地预先在要发展的领域进行资源布局，才能未雨绸缪而非临渴掘井。自身的能力建设是基础，而外部新资源导入在作为补充的同时也为自身开发指明了方向。"交友须胜己，似我不如无"。要清楚地知道，自己需要什么样的朋友。努力使自己更优秀的同时，尝试和在不同方面有特长的人交朋友，学习他人的长处，取长补短。

应当学会建立自己的战略资源档案，将不同人的能力和优势为我所用。在为别人创造价值的同时，学会整合他人的资源，实现合作双赢。

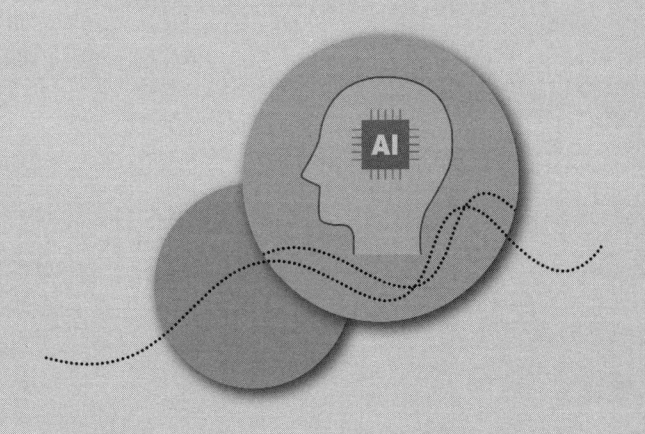

第10章
剥离法则

企业剥离,有痛苦和挣扎,也有新生的喜悦和挑战带来的收获。但其背后却全是赤裸裸的利益计算。只有当收益落袋,但成本和风险有人分担时,剥离才会发生。剥离方如何利益最大化,需要考虑多方的博弈关系。

⊙ 剥离的利益考量

无论是腾讯分拆阅文集团和在线音乐，还是京东商城分拆物流业务，国内公司总是喜欢把一部分相应职能的资产拿出来单独上市。一般来说，留在集团内部获得的资源和关注相对较少；而独立出来能得到更好的发展机会。出让一定比例的股份，价值在市场上得到体现，相应地估值更高，管理层也更有积极性，可以留住优秀的员工。

和真正的出售不同，尽管分拆后有着更多的自主性，但原有母体作为主要大股东并未完全放弃控制权。即便是某些完全出售，也被认为还和老东家有千丝万缕的联系。反过来看，有些和国内互联网大厂对标的美国企业，倒是鲜有分拆上市的情况。比如，亚马逊的物流业务和云业务一直保留在公司内部。其中的原因是什么？究竟什么情况下需要考虑分拆或剥离呢？

如何提高资源使用效率，为公司创造最大的价值是CEO要考虑的首要问题。对于公司已经拥有的，与价值链上的某一职能相对应的资产，是保留相关业务，还是剥离资产外包业务以获得出售收益呢？这是一个关于资源效率和价值最大化的长期战略决策。是剥离资产给独立的第三方，还是向现有供应商出售资产并外包？这一系列的问题都牵涉到利益的平衡。独立的第三方可以带来上游的竞争，使供应成本更低；但如果现有上游供应商的集中可以带来垄断，则能更多体现剥离资产的价值，卖更好的价格。

De Fontenay等研究者[1]利用议价与博弈模型对一定假设条件下，如何评估剥离决策进行了分析和模拟。他们得到的结论是，当资产剥离让公司获得收益，但剥离造成的公司采购或销售成本增加由同业分担或者不会降低自身的竞争优势时，剥离才会发生。尽管研究者的模型存在一定瑕疵，比如并未考虑资本市场的不完美性等因素可能对企业业务结构产生影响；但该结论仍极具参考意义。

我们来看看几个有趣且重要的研究推论（注意：这里对原推论的假设条件做了适当的简化，但结果是一致的）。

推论一：无论下游企业 A 剥离资产并外包给独立第三方（spinning off），还是出售并外包给业内已有供应商，只有当剥离并外包后实现的整体行业净增收益 △A 足够大，下游企业 A 的后续投入成本才有可能降低。这是由于企业 A 的同业竞争者也

---

[1] DE FONTENAY C C, GANS J S: "A bargaining perspective on strategic outsourcing and supply competition", Strategic Management Journal, 2008年第29卷。

可通过议价从A的剥离行为中分得部分利益。所以，通过有效率地剥离降低公司后续成本是很困难的。

推论二：剥离并外包实现的行业净增收益△A>0，不是下游企业A获得收益的充分条件，收益可能被同业分走；△A>0是剥离为独立的第三方的必要条件，而不是剥离给上游已有供应商的必要条件。如果△A<0，A出售资产并外包给已有的供应商仍可能获利。这是因为，如果资产剥离至独立企业，会提高现有行业生产效率；如果出售给已有供应商则可能不会提高行业效率，但增加了已有厂商的实力，A可高价出售。即便采购成本可能上升，但如果同业分担了上升的成本，则A公司的相对优势不会因为剥离而改变且有利可图。

推论三：供应产能会影响剥离的收入。如供应越稀缺，出售资产并外包给已有供应商获得的回报就越低；而剥离该资产并外包给独立第三方的收益则越高。

推论四：假设整体行业净增收益△A足够高，使得企业A愿意剥离，在歧视性拍卖模式下，出售并外包给已有供应商比剥离资产并外包给独立第三方划算。歧视性拍卖指有数个相同商品在同时标售时，每一个投标人被要求依他们自己出的标价分别支付价格。有这个推论结果是因为已有供应商抬高的成本为同业共同负担，而出售收入由企业A获得。

推论五：假设整体行业净增收益△A足够高，使得企业A愿意外包，即便存在雇佣刚性（由于对应出让资产的雇员的某种程度的不可替代性，使其具有一定的议价能力），使得出售资产的成本更高；在歧视性拍卖模式下，由于企业A获得的收益不同，出售并外包给已有供应商比剥离资产并外包给独立的第三方更划算；在前向整合时（上游公司剥离下游资产）也遵循同样结论。

推论六：假设整体行业净增收益△A足够高，使得企业A愿意剥离。当A的竞争企业与上游供应商为纵向一体化企业。在歧视性拍卖模式下，剥离资产并外包给独立第三方比出售给已有供应商更划算。

推论七：当存在双重边际化的情况下，假设整体行业净增收益△A足够高，使得企业A愿意剥离；在歧视性拍卖模式下，剥离资产并外包给独立第三方比出售资产并外包给现有供应商更划算。这是因为公司A不愿意出现对自己不利的竞争格局，所以宁愿剥离资产成为独立第三方。

这里的双重边际化（double marginalization）也被称为双重加价[①]。美国经济学家斯宾格勒（Spengler）在对产业组织行为的研究中发现，当市场上的产业链既存在拥有市场力量的上游卖者（如制造商），又存在拥有市场力量的下游买者（如分销商）时，上、下游企业为实现各自利益的最大化，会使整个产业链经历两次加

[①] 双重边际化：参照理解 https://baike.baidu.com/item/%E5%8F%8C%E9%87%8D%E8%BE%B9%E9%99%85%E5%8C%96/4593416?fr=aladdin

价（边际化）。企业拥有市场力量时，他们会将价格定在边际成本之上，从而造成经济福利损失。双重加价会造成最终零售价要高得多，销售量也要低得多。简单来说就是，当上下游企业能相互转移成本负担的时候，搞个独立第三方对自己的竞争地位更优。

展示这些推论是为了说明结果的严谨性。我们总结一下研究者模型给出的结论：剥离资产（业务）为独立第三方（上游或下游）能带来整体行业增益，但不会对己方的竞争优势有多少帮助。当不会出现对自己不利的竞争态势时，剥离并外包业务给已有供应商更有利可图；否则，剥离并外包给独立第三方。一言以蔽之，剥离要能给己方带来竞争优势，或最少不能给己方造成劣势，无论是对同业还是上下游企业。

理解了这些推论，下次当你看到一家上市公司剥离资产，也许就能更清晰地理解这些问题：剥离业务（资产）对公司意味着什么变化？对所处行业意味着什么？

◌ 要小心花车效应

这里出现了一个有意思的现象，花车效应（bandwagon effects）。所谓花车效应是说剥离或者反向剥离可能会在一个行业内接连出现，就像花车队一样。如果竞争对手剥离上下游资产并外包业务会对同业其他企业的剥离行为产生激励；反之，如果所处行业的产能（供给）能产生协同效应，则众多企业会纷纷采用一体化或多元化策略。举个例子。从腾讯、华为到京东、美团以及字节跳动，各大互联网公司推出了自有云服务，让一众独立云厂商十分难受。2022年8月，快手发布StreamLake品牌，标志着快手自有云服务也将正式上线。不仅如此，大厂还竞相自行研发芯片。反向剥离是要成为趋势了吗？

还有一个例子。就和当初涌入智能手机行业一样，现在的互联网大厂又开始集体进入新能源汽车领域。最早开启这一进程的是乐视的贾跃亭。然而，老贾的造车之路并不顺利。经历了多年各种起起伏伏的狗血事件之后，截至2022年三季度，法拉第未来的豪华旗舰电动车FF91仍未实现上市交付。2022年9月底爆出的消息是老贾正在联合股东一起罢免Susan Swenson和Brian Krolicki在法拉第未来的董事职位。

在手机市场被打压之后，华为的短期策略是选择不直接制造整车。通过聚焦ICT技术，定位于智能汽车制造商的赋能者，提供包括三电系统、自动驾驶系统、智能座舱、智能语音和无缝流转等系列产品。目前华为主要合作的品牌有，赛力斯AITO问界、北汽极狐和长安阿维塔，后续奇瑞也计划加入。其中，极狐和阿维塔只搭载了华为的三电系统和智能自动驾驶系统。长期看，华为造车在所难免。

百度推出的集度Pixel-J品牌，最初定位是为汽车制造厂商提供人工智能、Apollo自动驾驶、小度车载、百度地图等核心技术。通过与吉利的战略合作，集度目前已推出量产概念车ROBO-1，并计划在2024年实现交付。

小米汽车2021年成立，已经在北京亦庄开发区建设造车基地。尽管开始较晚，但小米产业基金广泛布局智能驾驶、芯片、动力电池等相关汽车技术，期望快速补足短板。雷军说自己是被逼无奈才决定造车，看来所言非虚，因为连360的周鸿祎都选择通过投资哪吒汽车进入这一领域。一众大佬纷纷下场，再加上原有的各种新势力，看得人眼花缭乱。

我们知道成熟市场最终不可能容纳这么多玩家，一定是少数人笑到最后。尽管大多数公司都将成为陪跑的人，但他们还有别的选择吗？雷军说"不干就落伍了。"花车效应是无奈但现实的抉择。这也肯定会带来不小的行业风险和资源浪费。但新的机遇也许就孕育在风暴之中，在那些我们从未注目过的地方。

[**个人未来规划指南**]

剥离业务和资产是战略中不可缺少的一环。

对个人发展而言，离开某一岗位或公司、疏远某个熟识的朋友、搬到一个新的城市都可以看作一次重要的资产剥离。剥离资产可能意味着重要的转变。大方向的转变需要非常谨慎。这个话题我们留待以后讨论。这里假设个人的战略方向没有变化，只是出于收益和效率考虑做资产减法。

做减法就要遵循一定的战略原则：当剥离让自身获得收益，但剥离产生的成本有人分担或者不会降低自身竞争优势时，剥离才会发生。这里面全都是利益权衡。如何理解呢？我们举一些例子。内容或许分散，但总体脉络都没有远离这一法则。

比如，当你离开上一家公司的时候，一定是有更好的机会。除非万不得已，千万不要裸辞！剥离必须考量收入和成本问题。新职业发展的收入前景应该远大于目前放弃的收入。目前的收入就是机会成本，而裸辞致使机会成本归零。这意味着一切重新开始，损失全部由自己来承担。

除非特殊情况，换工作要保持在一定相关的赛道内且保障自己的竞争优势不被削弱。仅仅多一点收入而丧失优势是不划算的。偏离赛道往往意味着原先积累的资源价值几乎丧失殆尽。这类重大转变的发生，越早越好。转型一方面失败率高、机会成本高；另一方面所有的资源积累都要重新来过。此外，转型要有明确的战略目标，长期方向上越笃定，越有可能成功。

再比如，留学移民。如果从小出去留学，毕业之后最好要较长时间扎根国外，而不是来回反复。因为剥离国外积累的资源，如不能转化为本土竞争优势，就会变成劣势。类似王健林对王思聪的教育投资，在我看来发生了战略性偏差。即便作为曾经的首富，能给予子女强大的资源赋能，但仍不会改变国外回来后的水土不服问题。如果王思聪一直待在海外，或者从小留在国内接受培养，也许发展得会更顺利一些。

硕士去留学，那就要看是否和自己的战略目标相匹配。国外读书和工作获得的资源与机会要对自身成长有足够大的帮助，才有出去的价值；否则就是浪费时间。那些搞科研、搞高科技的人或者蓝领工人去国外，往往过得不错，因为他们可以利用在国内积累的能力去适应国外稀缺的市场供给，并实现资源滚动。当资源不断累积增值的时候，出去和回来都是对的。反之，如果无法实现资源增长，甚至是相互冲突的时候，出去和回来都是错的。对于与战略方向不符合的机会要学会说"No"。

再比如，疏远一些朋友。这种疏远可能是无意识的。大家背景境遇不同，交集少了，也就渐行渐远。但真正的人才是不应该被疏远的。对于人脉中有助于自身成长的优质资产，无论是主动还是被动地疏远都是损失。太多精力浪费在没必要的人身上是不值得的，应该用来维护有益处的关系。

人际交往遵循互惠原则。除了把人脉当作资产来运营，更要努力发展自我。要清楚地知道该维护哪些正资产，带来双方的共赢；剥离哪些负资产，减低成本和风险。

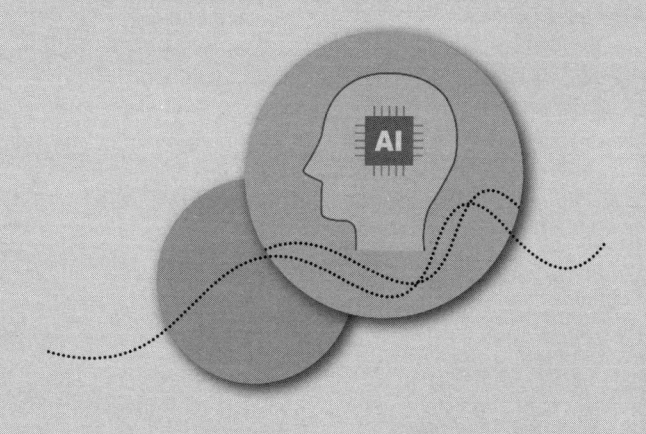

第11章
模糊法则

"碎霞浮动晓朦胧,春意与花浓。"模糊产生美,还可能产生战略优势。对于以能力为优势基础的创新型公司,减少战略变量,反而会引起战略模糊性。这对于竞争者来说,不是一件好事。但战略模糊性难以持续,创始人应更关注企业的软实力建设。

战略与因果模糊性

因果模糊性与战略优势有关系吗？简单定义因果模糊性，就是不容易判断竞争优势的具体来源。这类企业的战略资源组合往往比较复杂。Lippman和Rumelt[1]在1982年就提出过假设，认为因果模糊性是战略优势的充分条件。战略优势与资源的关系越不容易看明白，就越难以被模仿。

领先企业能否保持优势基于两个障碍：定位和能力。定位障碍对于跟随者来说，就是模仿在经济成本上不划算。能力障碍是在经济上划算，但因受条件所限而难于复制。Ryall[2]把以

---

[1] LIPPMAN S A, RUMELT R P: "Uncertain imitability: An analysis of interfirm differences in efficiency under competition", The bell journal of Economics, 1982年。
[2] MD RYALL: "causal ambiguity, operating complexity and strong capabilitybased advantages", Academy of Management Annual Meeting Proceedings, 2006年第2006卷。

强能力为竞争优势的企业作为对象，研究了因果模糊性与保持优势的关系。这些企业往往是创新型中小企业。而这些公司也是我们研究战略法则应用的重点对象，里面可能会蕴藏更多的机会。

战略家要区分两类预测。一是分类与特征预测（classification and diagnosis）；比如说，预测新产品的特性。二是因果性预测（causal prediction）或称为因果推断；比如说，预测公司的成本变化。因果性预测更加复杂，原因在于企业行为和外部环境往往互为因果，不确定性高。这有点类似预测股价的变动。因果模糊首先是由于因果性预测的困难。

我们再区分两个概念。企业战略的随机性结果被称为因果不确定性，而战略过程（战略、资源与外部环境之间的互动）与运营业绩之间的因果关系不确定性被称为因果模糊性。因果不确定性是不可控的，而因果模糊性是可以创造出来的，其定义为：运营结果与战略和资源之间的关系被刻意隐藏起来，使其因果结构无法通过外部观察得知。

通过外部观察难以了解资源与结果之间的对应关系，被称为主观因果模糊性（subjective causal ambiguity）。研究者认为仅仅外部观察不可知是不能持续的，竞争者完全可以通过雇佣对手的员工来消除这一模糊性。因果模糊性也可能是因为因果性预测的困难造成的，尤其对于创新业务而言。

需要注意的是，因果模糊性的定义不包括战略模糊性这一层。战略模糊性指战略方向的模糊性。政治家在基于国家利益的外交考量上往往这样做。

那么战略的复杂性和因果模糊性有没有必然的关系呢？是不是战略越复杂，因果模糊性越大呢？Ryall通过加入战略变量发现，增加战略的变量因子提高复杂性，反而可能降低因果模糊性。尽管其战略变量更少，复杂性更低，但以能力为竞争优势的小公司的策略相对于以资源为竞争优势的大公司的策略更难模仿。因此，特定条件下，简化（如组织扁平化）而不是复杂反而使得战略的因果关系更为模糊。这也是能力很强的小公司往往会被大企业并购的原因。这和我们后面会提到的，增加复杂性会加大模仿难度并不矛盾。它们的前提条件（是否以强能力为竞争优势）并不相同。

消除因果模糊性，确知战略和运营结果的因果关系，是一个动态的过程。进入者可以通过贝叶斯模型进行动态评估，反复试探。因此，长期的因果模糊性是不存在的。贝叶斯定理大家都应该很清楚了，是一种量化的概率推理。举个浅显的例子。如果一个男生不确定一个女生是不是喜欢他，那么他可以通过邀请女生一起出去玩、吃饭、过情人节来判断对方的意思。随着女生愿意出去次数的增加，我们确定她喜欢这个男生的概率就会增大。

弱法则与软实力

那么因果模糊性和公司的业绩表现有相关性吗?

研究表明,因果模糊性不能阻止竞争者的进入,但可以增加进入的风险。领先者能否保持优势,取决于以下几个条件。

①进入的固有风险(intrinsic riskiness)。固有风险的定义是挑战者在最糟糕的环境下,以最好的主观表现所面对的风险。这是一种难以回避的风险。如果这个值足够高,也许能使领先者保持一定的竞争优势。

②严格的正固有因果模糊性(intrinsic ambiguity)。这是必要但不充分条件,仅有因果模糊性无法保持领先者的竞争优势。

③挑战者的主观风险意识(subjective risk of challenger's beliefs)。这是重要的决定因素。如果挑战者因主观风险过高而退却,则领先者可以保持一定优势。

前两个条件不是保证竞争优势的充分条件。而主观风险意识,很可能是由于领先者的企业文化,内部管理等因素对竞争者产生了压力,造成了他们对风险的意识改变。Reed和DeFillippi[①]在1990年提出资源部署的三种特性可以创造因果模糊性:内隐性(如技能资源skills的转移很困难,只能局限

---

① REED R, DEFILLIPPI R J: "Causal ambiguity, barriers to imitation, and sustainable competitive advantage", Academy of management review, 1990年第15卷。

于一家企业内部）、特异性（资源的特殊性）和复杂性。软实力其实就是内隐性+特异性资源，是很难模仿的，包括独特的价值观、愿景、团队文化、正式与非正式的组织和沟通方式，企业外部形象等。如何塑造软实力是企业家们需要特别关注的。

如果上述三个条件都满足，且客户有比较高的转换成本，则领先者可以保持一定的竞争优势。可见单纯的因果模糊性是不够的。因此，模糊法则是一个弱法则，即因果模糊性只能作为成功阻碍模仿者的必要非充分条件。尽管如此，弱法则揭示的软实力却可能发挥核心关键作用。

不但对创业者，对投资人来说，软实力也是值得关注的。创新企业往往急需资金。天使投资人经常说的一句话，"投资就是投人"。这话其实太过玄妙。要知道，尽管可以选择业内大牛、连续创业者和大厂高管作为投资对象，但从优秀的财务报表倒推回商业模式和市场增速，再倒推回创始人团队，我们仍很难看清其中必然的逻辑联系。有资源有能力的人也不能保证成功。难道除了人品能力就只能靠运气？您觉得软实力是可能的答案吗？

[个人未来规划指南]

一些人会不自觉地运用模糊法则保持竞争优势。

比如，学霸故意表现出自己不怎么努力学习，除了上课睡觉就是玩游戏。这种战略性掩饰将努力、良好习惯和特殊的学习方法与成绩之间的因果关系淡化，避免竞争者的模仿与跟进。不过，由于因果模糊性不是阻碍模仿者的充分条件，所以最终的作用可能不太大。

资源对于累积尚浅的年轻人来说，并非竞争优势的决定性要素。对于以能力为优势的人，我们重点强调的是培养自己的软实力。"软实力"（soft power）原本是一个国际政治领域的概念，1990年由美国哈佛大学教授约瑟夫·奈首次提出。相对于硬实力，软实力原意是指非物质化实力，能通过非胁迫手段让目标国家主动达到软实力国家希望实现的目的。

软实力[1]的核心是元权力（meta-power），指通过改变社会行动来塑造社会关系。简单地说，就是让对方做出我们期望的行为，不做我们不期望的，来实现我们的目的。约瑟夫·奈认为，提升国家形象和合法性的内部表现，有助于推

---

[1] GALLAROTTI G M: "Soft power: what it is, why it's important, and the conditions for its effective use", Journal of Political Power, 2011年第四卷。

进其外部目标。可见软实力是一种重要的内在资源。推广来看，软实力有点类似个人魅力或影响力，但又不完全一致。

在笔者看来，软实力的重点并不在于外貌、学历、财富、地位和声望。这些增强影响力的外在因素当然也很重要，但真正的软实力与哲学相关。哲学研究的是人与自然的关系，与社会的关系，与组织的关系，与他人的关系，与自己的关系。一个人如何看待这些关系决定了他的底层思维方式。亚里士多德说，哲学研究的是超越实用的，无用的学问。哲学不解决任何具体问题，改变的只是思维方式。作为个体，我们都是有限理性的。有限理性意味着不存在上帝视角，每个人都只能看到事物的一部分。思维逻辑是用有限理性探索无限未知的工具，并可以帮助我们快速、深刻地理解这些关系的本质。思维的力量不但会影响决策时的判断力，也会产生对团队成员的凝聚力和对外部的吸引力。

那么，如何培养与践行软实力呢？

对于组织来说，选择核心人物至关重要。企业往往是创始人个人文化基因的延续，并通过组织性学习贯穿于公司整个的发展历程之中。无论马云、马化腾、张一鸣还是王兴都对自己公司的组织文化，甚至外部社会文化产生了巨大的影响。王兴的饭否精彩语录甚至还曾被好事者做成合集。核心人物的思维逻辑和哲学思想对整个组织发展的影响极大，尤其是企业早期。雷军说，小米创立初期招一个实习生就面试了9次。这是因为企业要找的是有能力、有驱动力和责任心，有共同愿景的人。与创始人思维不一致的人，很难进入核心层。

对个人职业发展来说，跟对领导至关重要。一句俗话说得很好："读万卷书，行万里路，阅人无数，都不如踏着成功者的脚步。"读一本好书，就像和一个高尚的人对话。不广泛接触外部世界无法获得高等级认知，难以形成理性和包容的态度，往往容易偏执和狭隘。经历肯定会提升我们的思维与认知。但个人掌握软实力最有效的方法还是榜样的力量：发现并批判性地学习那些具有软实力的人中龙凤，不断提升自我。偶尔的接触不是好的方式，能朝夕相处，耳濡目染才是最好的。无论是思维逻辑、沟通表达、待人接物、文化内涵、学习能力、领导统御、团队协作等等，良师益友都是进步的催化剂。在观察和学习他人的同时，去思考自己处于同样的场景，该如何处理。

荀子说，"庸众驽散，则劫之以师友。"一个人能有优秀的师友是非常幸运的事。几乎可以肯定地说，每个成功者背后都站着一位贵人。

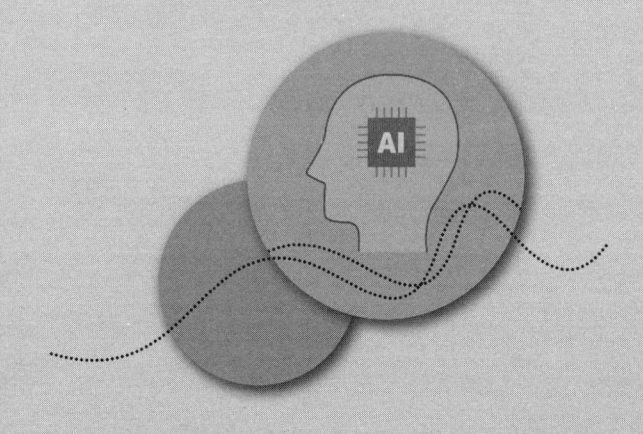

第12章
量化法则

《孙子兵法·形篇》中说,"地生度,度生量,量生数,数生称,称生胜。"量化评估对于角逐中的胜利一方非常关键。显示偏好法可以作为支付法的补充,帮助我们更深刻地理解经营中的关键变量。借以在环境发生变化时,对不同的应对效果进行预测。

◇ 显示偏好法略解

量化评估是战略管理面临的重大挑战。以往的战略更多的是创始人脑中的定性规划，很少涉及具体的量化。

作为战略分析的重要内容，前面介绍过的价值理论已经被结合进竞争导向和资源导向的战略分析。二阶博弈论，特别是合作博弈论的引入，为战略的价值分析提供了数学基础。我们可以此来计算公司可获取经济价值的范围。但是，理论与实践之间仍然存在巨大的鸿沟。实操中的竞争分析含有大量假设。比如，企业需要对市场份额、价格、边际成本、消费者行为、竞争行为等在交易层面有充分地认知，才能对竞争、价值创造和捕获进行分析。获得大量数据本身就是一个难题，同时很难精确测量客户效用的转移。

支付法指使用会计数据计算价值的创造和分配。这种方法可以完全还原商业实际，但不考虑竞争因素。这忽视了一个基本的事实，正是由于交易中的竞争才决定了价值的创造和捕获。

为了解决这一问题，Chatain[①]使用了新的方法：显示偏好法（revealed preference approach）。在交易层面上，用事实交易和非事实交易的比较来揭示价值创造和价值捕获的驱动因素。事实交易指达成的商业交易，非事实交易指未达成的潜在交易。基于价值模型，通过分析两者结果的差异，量化一系列驱动要素。尽管这种方法没有事实可以进行回溯，但却与价值模型的方法论完全吻合。它的缺点是需要依赖特定假设。这种方法可以作为支付法的补充。由于研究者的论文比较复杂，这里仅尝试对显示偏好法的原理做简单的描述。重点是从中看到量化法则的价值和意义。

我们首先需要建立价值模型作为量化比较的基准，再根据事实交易与非事实交易列出特定交易成立的诸个条件。这里的假设是局部极大值化，即假定所有的公司都是有限理性的；追求局部最佳，交易结果显示最佳偏好。潜在交易者如果只改变决策要素组中的一个决策，无法改变交易结果。

研究者提供的案例来自通过法律服务采购问卷调查的伦敦

---

① CHATAIN O, MINDRUTA D: "Estimating value creation from revealed preferences: Application to value-based strategies", Strategic management journal, 2017年第38卷。

证券交易所最大的250家上市公司和与之对应的法律服务提供商。假设存在一组买方 K 和一组供应商 M_k，K组中的一个买方 k 的任务需求 A_{mk} 被分配给一组供应商 m，每个任务分配给一个供应商。供应商 m 组成的联盟所创造的值 V_{mk} 可以简单表示为：

$$V_{mk}(A_{mk}) = \sum WTP_{am} - \sum C_{am} + \sum s_n + \sum \lambda_{ak} + \sum \varepsilon_{amk}$$

供应商组 m 承担任务 A_{mk} 所创造价值 V_{mk} 等于买家 k 的支付意愿 WTP_{am} 减去其机会成本 C_{am}，以及加入其他增项。其中，s_n 代表厂商的产品组合提供的协同作用的价值，n 是供应商组 m 为买方 k 执行的任务数量，λ 是该品类产品本身带给客户的价值，ε 表示的是客户—产品—供应商三者价值转移支付的误差项，可以看作轧值。

在所有可能的任务分配组合 m^n 中，我们能观察到的只有一个事实交易，不能观察到的非事实交易有 m^n-1 个。我们假设局部极大值化，每次改变事实交易中的一个决策要素来设定非事实交易。如此，这些偏离事实交易的非事实交易数量就是有限的。我们就能列出所有的非事实交易，以及对应的条件不等式。

其次，将从模型导出的必要条件不等式转化为一组经验不等式。所谓经验不等式是根据每个行业不一样的经营要素替换价值模型的原有要素。比如案例中，用服务质量评级代替了

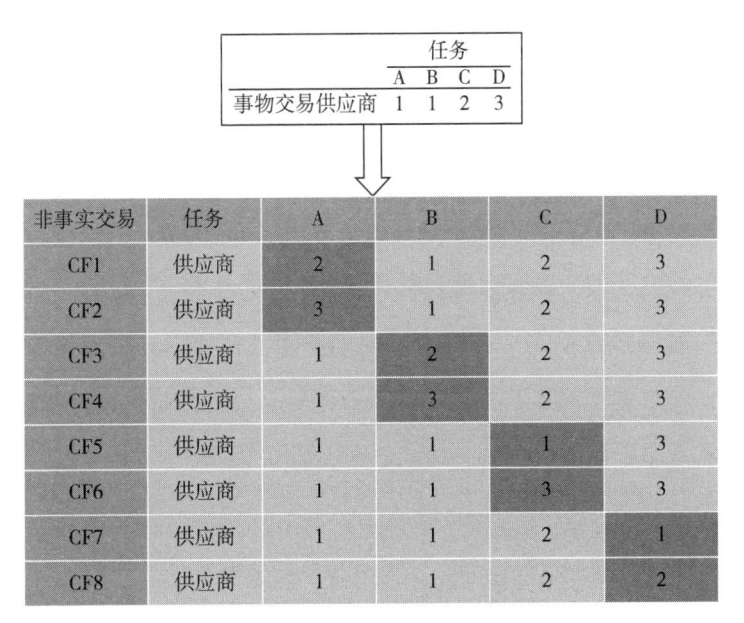

	任务			
	A	B	C	D
事物交易供应商	1	1	2	3

非事实交易	任务	A	B	C	D
CF1	供应商	2	1	2	3
CF2	供应商	3	1	2	3
CF3	供应商	1	2	2	3
CF4	供应商	1	3	2	3
CF5	供应商	1	1	1	3
CF6	供应商	1	1	3	3
CF7	供应商	1	1	2	1
CF8	供应商	1	1	2	2

图4　事实交易到非事实交易

V(Observed)>V(CF1)
V(Observed)>V(CF2)
V(Observed)>V(CF3)
V(Observed)>V(CF4)
V(Observed)>V(CF5)
V(Observed)>V(CF6)
V(Observed)>V(CF7)
V(Observed)>V(CF8)

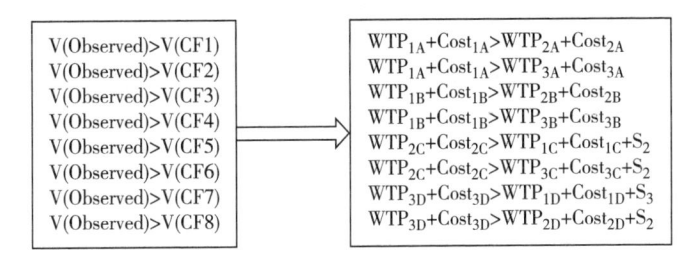

$WTP_{1A}+Cost_{1A}>WTP_{2A}+Cost_{2A}$
$WTP_{1A}+Cost_{1A}>WTP_{3A}+Cost_{3A}$
$WTP_{1B}+Cost_{1B}>WTP_{2B}+Cost_{2B}$
$WTP_{1B}+Cost_{1B}>WTP_{3B}+Cost_{3B}$
$WTP_{2C}+Cost_{2C}>WTP_{1C}+Cost_{1C}+S_2$
$WTP_{2C}+Cost_{2C}>WTP_{3C}+Cost_{3C}+S_2$
$WTP_{3D}+Cost_{3D}>WTP_{1D}+Cost_{1D}+S_3$
$WTP_{3D}+Cost_{3D}>WTP_{2D}+Cost_{2D}+S_2$

图5　必要条件不等式到经验不等式

WTP，律师费用代替了Cost等等。用满足最大数量的经验不等式为条件，估计模型中各经营要素的系数。这涉及使用差分进化算法计算局部均衡点。

上面示例中，假设买家k共有1、2、3，三个供应商，需要交付A，B，C，D四项任务。因此，共有3^4 = 81种任务组合。但如果按照局部极大值的假设条件，只改变事实交易（observed）中的一个任务分配，那么就只会产生（3–1）× 4=8个非事实交易CF。这便于我们导出必要条件不等式和经验不等式（图4中不同颜色的区域为非事实交易偏离事实交易的部分）。

简单来说就是，在价值最大化基础上，利用真实交易数据对比非事实交易，建立对相关企业的经营要素变量的统计描述。这有利于我们深入理解企业的竞争态势。

理解关键经营参数

描述重要参数，理解现实只是第一步，更关键的是发现新机会。一旦新的客户需求或新的影响要素出现，凭借对经营要素的深刻理解，我们就能从模型中推测出现有哪家企业会更受益。如何调整现有供需合作关系，创造及捕获更多价值等应对战略也可以通过模型进行演算。使用这种方法还可以估计这些战略调整的成本下限。

结合传统的支付法，显示偏好法能在有限理性的基础上，对竞争有更深入的理解；同时对于新的增量机会定量评估。当然，实际的战略谋划更为复杂和具有挑战性，模型需要大量的修改以适应现实。

在实际应用中，企业更倾向于针对一些量测指标进行竞争对照分析。我们以 Frost & Sullivan 公司的市场量测参考指标体系（主要应用于工业品市场）为例。Frost & Sullivan 是一家以数据量测为基础的战略咨询业大牛。该公司提供的一套量测指标体系包括：

①价格。这是最重要的指标。不过，由于存在不少变数，使得同业间的价格很难进行对比。比如，时间、季节、折扣、购买数量、服务与维修、规格、交货期、安装、技术支援和备件供应等等。我们不能仅仅测量价格指标，应结合其他指标一起分析。如果考虑成本问题，价格是研究经费较低时，企业唯一必做的调查。

②市场规模。指市场的总需求量。在量测时要对市场定义清楚，并考虑相关的外在因素影响。比较合理的做法是自下而上合计市场竞争者的销售量或询问市场竞争者对市场总量的估计。

③市场占有率。这是一个需要随时观测的重要指标。可以通过竞争者调查、客户调查和收集二手资料进行估算。其中，竞争者调查更为精确，而客户调查需要大样本才会准确。

④市场饱和度。定义为，现存使用客户数÷潜在客户总数。市场饱和度对市场和产品开发策略意义重大。

⑤产品更换率。定义为，（年销售量－新客户采购量）÷旧

客户数量。产品更换率的不同会影响公司的业绩和策略。

⑥性价比。性价比的量测成本较高。产品越复杂，越需要测量。利用性价比，能对产品的市场定位有较明确的认知。无论对于营销以及产品研发，都具有重要的指导意义。

⑦客户态度。需要了解的是现有与潜在，两类客户的态度。客户或最终使用者提供的信息是市场决策的重要基础。

⑧市场成长率。量测时需要明确产品的定义范围、时间、地域、测量单位、产值还是产量、细分客户群体和通货膨胀等因素。这也是一个重要的指标。

⑨市场潜量。指某一新产品在未来某段时期或整个产品生命周期内，潜在的消费和需求总量。

⑩产品生命周期。用来描述产品的销售状态随时间变化的情景。这个指标是市场预测的核心。

⑪销售强度。定义为：实际销售量÷市场潜量，又被称为市场被饱和度。它可以清楚地表明未来何处的销售潜力最大。

⑫产品使用量。指市场上某一特定产品推出后，目前仍在使用的总数量，不计入已经退出使用的数量。

⑬客户统计。指对市场上的最终使用者进行的全面统计。包括客户总数、其员工规模、生产规模、产业类别、所在地域和购买预算等。

⑭内部销售分析。指内部销售信息管理系统收集的定期

信息。

⑮市场集中度。指头部最大的三或四家企业（C3或C4）的市场占有率总和。超过60%代表市场相对集中，小于50%为分散。

⑯客户回忆与认知率。指客户记忆和认知公司、品牌的能力。这代表了知名度与营销策略的有效性。

⑰销售通路调研。指统计市场不同销售通路的销售量及占总量的比例。可通过分析产品及销售渠道的不同获利率，来确定最有效的通路。

⑱客户不满意度。指针对客户的不满意状况，调查本质原因，采取改善策略。

其他量测指标还包括，产品种类与新产品、行销工具调查、竞争者产品宣传调查和竞争标杆调查。"无量测，不策略。"这些指标的量测对于战略规划很有帮助。我们可以拿来和支付法、显示偏好法结合使用。但要注意：量化法则的重点是找到关键经营参数及其变化，而不是仅仅把目光停留在那些传统的市场指标上。关键经营参数的变化体现了外部环境、内部资源，以及管理层心理表征的改变。战略规划的问题之一是依赖现有维度，而所谓的降维打击是发现可量化的新维度。这是超越对手的关键一步。我们在破壁法则中还要介绍有限理性和降维打击。

[个人未来规划指南]

个人发展也会涉及许多可量化指标评价,比如,年龄、学历、毕业院校、工作经历、特殊技能等。但仅使用这些指标和个人发展单点对应,我们很难制定出好的发展策略。例如,名校对于找工作确实重要,但名校毕业生也有混得不如意的。如何能更加系统地制定发展策略呢?

量化法则提示我们,需要针对特定目标群体运用显示偏好法,发现成功的关键要素。

首先,把达成某个目标看作成功的事实交易,而未达成目标看作非事实交易。当然,目标的制定需要参考个人兴趣和优势。然后,找到那些成功达到目标的人群作为标杆,对其价值创造的参数进行描述。

举例来说,如果把毕业后去硅谷创业公司、华尔街投行或者大的跨国公司当作目标,我们先要找到那些已经上岸的标杆人物。对其成功的驱动要素进行全面彻底的描述,而后分析个人的状况,认识差距,制定可行的发展规划。也许有人认为成功只是努力的结果,那是绝对错误的。成就一定不是仅靠努力或运气实现的,只有规划才有可能。但这里要注意一点,标杆反映的应该是大多数人的共性,而不是少数人的特性。不能忽视幸存者偏差。我们在后面会具体讨论这一认知误差。

从价值创造模型的角度看,个人创造的价值等于公司愿意支付的最高收益减去公司雇用其他人的机会成本,加上一些类似的修正值。譬如个人能力协同组合提供的价值、所在学校和专业带给公司的共性价值等。这里公司的机会成本是指同行业平均水平的收入。个人能力超过同业平均水平才有可能创造额外价值。如果机会成本很高,那进入的可能性就小,因为你必须非常优秀。如果机会成本很低,那进入就有可能是一个错误的决策,因为没有门槛。

目标选择与个人努力缺一不可,不要奢望捡便宜。有人认为,如果早期能进入一家优秀的公司,即便自身的条件没有那么好,也可以获得相当不错的成就。有些投资人也是这么想的。问题是自身不够强,很可能因被洗而提前出局。中国大陆第一"天使投资人"龚虹嘉是很多人羡慕的对象。当年他的同学陈宗年与胡扬忠打算创业,龚虹嘉决定出资245万元帮助两人成立海康威视。后来这笔投资成了他最成功的战绩,十年期间从中套现接近300亿元。不过,不用付出,等待天上掉馅饼的事是不存在的。当初投资时,龚虹嘉已经是成功的企业家了。他在海康威视早期的技术开发中,起到了非常关键的作用。据说,龚老板接受了一位关键技术人员极为苛刻的条件,提前支付一大笔费用并允许他在家上班完成了关键的技术升级。所以，真的不是有点钱就能做投资的。

真正给自己和公司创造价值的是那些独特的能力和资源组合。它们的价值就是公司的意愿支付。对于个人来说，量化法则主要研究的就是如何形成独特组合来创造价值。和前面介绍的类似，不要使用没有个人与行业特色的指标体系。深刻理解模型和经验不等式，并调动所有的资源在真正的驱动要素上，才能创造出差异性和价值。

此外，还要对未来进行预判。关键驱动要素在可预期的时间内，会不会因需求和环境改变而发生变化？该如何应对？提前了解信息，提前发现关键点，提前布局是运用量化法则的关键。

量化关键驱动要素能让我们更清楚地认识事物的本质，避免人云亦云。

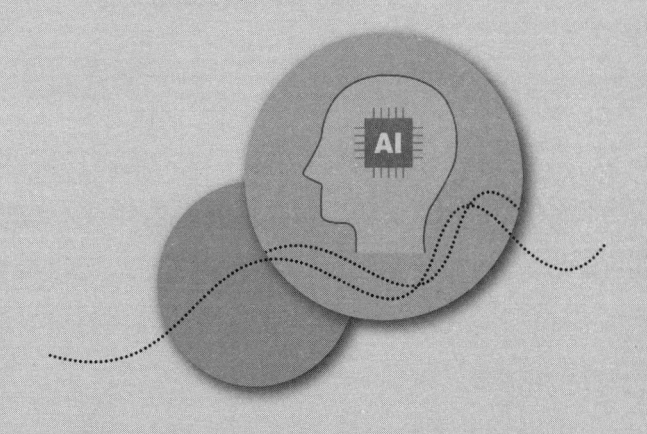

第13章
种群法则

　　物竞天择，适者生存。与生物种群近似，社会组织也为适应环境而斗争。这使得公司一样会遵循同态定律。也就是说，组织和环境应该相互匹配。某种类型的组织在环境中比较成功，那么在类似环境中的类似组织也可能会成功。这为我们寻找成功者提供了指引。

种群与同态定律

自从达尔文提出生物进化论之后，社会学家和管理学家们就一直想将自然科学的研究成果应用于社会组织和公司管理。赫伯特·斯宾塞分析对比后认为，社会组织和生命体类似。由于同样面临竞争与淘汰，故也可以用物竞天择作为其发展的基本模型。

竞争选择模型之后发展起来的种群生态学（population ecology）是生态学的一个分支。它讲述的是物种种群如何与环境相互作用。这是一项关于物种的数量随时间和空间变化的研究。生物种群与组织种群存在很多的相似性。组织的种群生态学模型是研究种群中哪些组织形态会在选择中胜出，哪些会被淘汰。

种群生态学模型与竞争选择模型都可以解释组织的进化，

但这两者关注的方向不一样。竞争选择模型关注竞争对组织进化的影响，以环境选择作为分析的出发点。竞争选择模型在种群法则中仍然具有重要意义，我们后面会具体讲。种群生态学模型采用适应（adaption）代替选择作为出发点。适应与选择不同，指为应对环境变化而产生的内部组织结构变化。这是外部环境和内部战略互动的结果。两者最大的区别在于一个被动，一个主动。

种群法则应用于组织演化的目的是去发现不同环境下，不同的组织形态为何胜出，从而对未来的企业战略和投资给予帮助。我们先来看看影响一个组织发生变化都有哪些因素。

首先，外部环境对组织变化的影响是很大的，但是组织结构不一定都是环境适应的结果。组织架构固有的惯性也是一个重要因素。组织惯性的产生有内外两种因素。

内部因素包括：①已产生的固定投资。②决策者的信息局限。③内部政治约束。④历史或路径约束。

内部因素对组织变化的制约作用还是很强的。互联网大厂规定员工之间使用化名作称谓，相互不许称呼职位，更有甚者不允许使用尊称。这些都是为了打破内部层级，平等沟通，激发市场战斗力。很难想象一个严格执行自上而下信息沟通的传统组织，能实现灵活的扁平化、小组化管理。

外部因素包括：①法律和财务约束。②外部信息获取约束。比如，并购时得到的信息并不完全。如果要继续运营原有业务，最好的选择是暂时保留部分原来的团队和架构。③外部合法性（legitimacy）约束。环境有时会改变合法性，从而产生大量成本，因此无法进行改变。比如，使用机器人大批量代替工人可能会带来政府的干预。④集体理性问题。一个对小群体来说合理的决策，在大群体中不一定会被执行。这也是很多小公司在被并购之后就悄无声息的原因，原有的组织活力已经不存在了。

组织分析中，如果针对不同的分析单元unit of analysis进行研究会得出不同的结论。生物体分析分为三个层级：个体、群体和社会。组织可分为五级：①成员（members），②单位（subunits），③组织（individual organizations），④种群（populations of organizations），⑤群落（communities of organizations）。

Ethiraj和Levinthal[1]使用第四层——种群作为分析单元。种群是由在同一地点生活的同种生物组成的。从组织上看，可理解为具有竞争关系的同业。它们的组织形式不同，但竞争相似的客户和资源。选择种群有两层考虑，一是分析单元内的组织成员可以分享共同的命运；二是结构选择要反映群体的特性而不是组织成员的特性。也就是说，分析单元的大小要合适，太

---

[1] HANNAN M T, FREEMAN J: "The population ecology of organizations", American journal of sociology, 1977年第82卷。

大了包含进太多物种就没法进行竞争分析，太小则没法反映共性。

我们分析种群生态系统首先需要辨识系统中组织的构成。生态系统是一个投入—产出结构（即能量转化结构），能生产最终产品。产品就是不同数量和形式的组织。种群生态系统同时具备两个基本功能：信息反馈功能和行动功能。这也很好理解。种群生态系统是一个活的，会变动的系统。

与生物学中的种群生态学模型类似。生物学意义上的成功是谁的后代多。据说中国人在1.1万到4千年之前的新石器时代，存在六大超级祖先。中国男性60%都是这六位的后代。社会学中的种群很难用繁殖率来定义组织的适应性，而是看组织演化中哪种组织类型的数量会变得最多。这个我们在后面会有更详细的介绍。

社会学范畴中的成功组织不仅要求适应性学习，还要学会主动变革，能在环境变化和竞争中不断进化。另一个不同点是组织具有扩张性。一个变化或者扩张了的组织应看作原有组织的死亡和新组织的替代。种群生态中的组织是不断变化的，比如创业时期的腾讯和长成巨无霸之后的腾讯。

与生物学类似，在不同的外部环境中，只有最适应的组织形态才能存在。组织与环境是同态的，即组织与环境必须匹配。某种类型的组织在某种环境中比较成功，那么在类似环境中的类似组织也可能会成功。这就是同态定律。

在做类比分析时，这里有两个要点。

①组织变化的机制涉及博弈均衡，因此主动演化和竞争理论是同态的基础。不分析竞争格局没法做同态比对。先要知道组织都是怎么竞争，怎么演化的。

②同态必须考虑到参与者面对的多重动态环境，而不是简单的单一静态环境。因此环境的复杂性要充分考虑。

组织的决策者追求利润最优化，这是组织理性；而环境筛选最优的适应者，则是环境理性。组织理性和环境理性一起决定了胜出者。当两种理性发生冲突时，我们以环境理性为最终决定方。也就是说，竞争者进行博弈，最终由环境确定谁更能适应。竞争和环境一起推动了这个演化的过程。竞争会通过消灭一部分组织来降低多样性；同样，改变环境的系统结构，也会影响多样性。比如，环境中资源的结构限制。如果降低结构限制，会降低种群的多样性；反之，提高结构限制，会提高多样性。你可以把结构限制理解为细分市场。细分市场多，公司多样性就高；反之，大一统市场的多样性就少。

企业凭借拥有的不同资源结合匹配的环境，或迅速占有大的，需要大量资源支持的市场，或专注于小的，深度区隔的市场。组织形式逐步分化，同时数量减少。少部分企业伴随着产业结构的变化成为头部企业，与更多的小型企业并存在市场上。

组织形态的数量呈幂律分布。

○ 不同的生存策略

在稳定环境中,同态定律很好理解。对于可预测以及不可预测的变动环境,则必须加入对环境的复杂性和变化性的考虑。Ethiraj和Levinthal使用Levins的利基宽度理论(the theory of niche width)[1]对环境与策略选择进行了分析。利基又称为生态位,是种群生存的空间,由一定水平的资源维度构成。每个种群占有一定区隔的生态位(可以理解为细分市场)。

这里要区分两种不同的生存策略,一种是通用型策略(generalism),一种是差异化策略(specialism)。组织要么探索更广泛的资源空间,承受风险,以此应对环境的波动(宽利基—通用型策略);要么探索更小的空间,获得更高的安全性(窄利基—差异化策略)。采用通用型策略一般是由于需要的资源空间范围比较广或要保留更多的额外资源。差异化策略的优势是使用的资源更少,成本更低。

采用不同的策略需要考虑两个重要的变量:空间变量和时间变量。环境复杂性可以看作种群面对的空间变量,是研究利

---

[1] LEVINS R: "Theory of fitness in a heterogeneous environment. I. The fitness set and adaptive function", The American Naturalist, 1962年第96卷。

基宽度选择的重要起点。通俗地说，可以看作企业如何选择不同的细分市场。

在环境稳定的情况下，各企业以差异化策略为主导。如果环境变动非常大，则企业需要保留更多的额外资源应对可能的变化，应采用通用型策略。对于细分市场差异小的，采用通用型策略；而对于细分市场差异大的，采用差异化策略较好。随着时间的推移，更多采用同一策略的相似组织结构会相继出现。

仅仅研究空间变量是不够的，还要研究种群所面对的时间变量，我们可以将其划分为：细颗粒度（fine-grained）或粗颗粒度（coarse-grained）。环境变化时间维度短，是细颗粒度的；时间维度长则是粗颗粒度的。产品需求是细颗粒度的（变化较快），而法律法规是粗颗粒度的（不轻易变化）。区分粗细颗粒度，是因为他们的策略成本不同。

研究表明，细颗粒度变量给予企业更多的试错空间。比如，产品更新很快，企业的试错机会就大一些。而在粗颗粒度下，失败的企业很难再翻身。企业应同时关注失败的成本和成功的机会。对于粗颗粒度市场，无论细分市场的差异大小，都应该采用通用型策略。这是违背我们的直觉的。这里我想提醒一下期望加入新能源汽车行业的互联网企业。汽车、手机和互联网市场的颗粒度粗细完全不一样。如果采用过去的打法，可能失败的概率会高很多。

我们由此得到的启示是，行业发展的早期，更适宜采用通用型策略，进入细分市场差异小、细颗粒度的经营环境，从而占有大的应用场景。市场制高点的抢占是非常重要的，因为这给了企业更多的试错机会和更大的资源空间。

种群法则告诉我们，如何利用同态定律对比、分析和预测组织形态的发展，制定相应的组织战略。组织战略是企业面临的重要决策之一。公司组织结构的变化决定了它能否适应环境的变化。

[个人未来规划指南]

在复杂和变动的环境下，以同态定律为基础的组织分析框架十分有用。但应用的前提是对比空间和时间变量，以及竞争格局。

企业需要合适的组织结构去匹配策略，适应环境。我们看一家公司的组织架构就可以大致判断它的战略态势和方向。

对个人而言，进入有发展潜力的组织是关键。首先，我们需要有清晰的职业方向，以便对资源的价值进行评估，对成功上岸者进行标杆分析和模仿。其次，需要针对目标行业的公司进行全面的情报搜集和筛选。如果能清楚地了解目标平台的扩张意图，组织发展方向和对人才的需求就可有针对性地做好准备。

这需要我们从种群的角度去分析行业和业内公司，其工作量和难度对个人来说确实不小。不过，这样做的好处也是显而易见的。不但可以获得信息差，还有可能提前建立一定的人脉网络。所以，无论你的方向是什么，都应该懂一点战略和组织理论。

经常有人哀叹命运的不公，抱怨自己的失败源自出身卑微，资源匮乏。然而，事实真的如此吗？

我们不得不承认农村以及贫困家庭确实要面对资源分配不公引起的种种社会问题。这也是他们需要财政转移支付和救助的原因。但对于多数城市中产来说，实现下一代阶层突破的主要障碍在于家庭自身的原因。子女要依靠父辈的眼界和尽力托举才能获得成功。如果家庭本身的资源不够充沛，更需要做好一件事：规划！规划！规划！

前面的法则建议规划时关注个人的独特性，而同态定律则告诉我们，个人与环境的匹配极为重要。与其让孩子盲目闯荡，接受社会的击打，为什么不提前为他们做好应有的准备？这当然不意味着替孩子包办和做主。而是说，以孩子自身的社会经验和阅历，不足以获得足够的信息和资源进行决策。家庭有责任助他们渡过最初的难关。

有时，我会觉得很奇怪。动物教子女学会生存是本能。但为什么有些人只知道监督后代好好学习？难道考试分数高就能生存下来吗？对于人类这种成熟期极为漫长的物种，教育几乎成了每个人的必修项。仅仅学术成绩是远远不够的，以生存和发展为目标的教养才是我们所需要的。动物离家独立生活的前提是足够的能力和身处适宜的环境。而几乎没有几个大学生是具备了这些条件才走上社会的。这恰恰是中国教育中最缺失的一环。他们不知道在哪里谋生，如何谋生。手握一张文凭，却只能任凭命运摆布。这种状况是很荒谬的。

建议如下。

①个人生涯的战略规划，既是规划也是教育。这离不开父母和孩子的共同参与和决策。但人最终要学会自我规划，把握命运。因此，无论是任凭其自生自灭，还是一切包办都是错误的。

②个人生涯的战略规划，既是计划，也是执行。如同学习成绩的提高，资源积累也需要看得见，摸得着的点滴进步。同时，反馈与修正并存，以聚沙成塔，集腋成裘。

③孩子长大成人，应该具备自身探索未来的能力，但也需要家庭的协助来找到出门的第一块垫脚石。那些只知道要

求读书成绩的父母需要补上重要的一课。

　　做到这些,也许并不需要我们已经掌握了多少资源。最关键的帮助或许只是一些信息、建议、鼓励,以及背后观念的改变。由此可见,家族才是分析规划的起点。

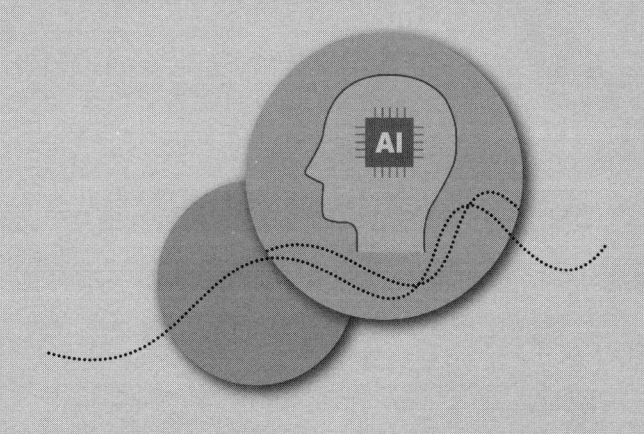

第14章
复杂性法则

社会中的很多现象都呈现出一定的复杂性。比如,生命进化、组织发展和经济系统的运行。NK模型是分析复杂性的重要工具,揭示了很多不为人知的规律,特别是复杂性灾难与进化的关系。它告诉我们创新往往是从涅槃中产生的。

NK模型与复杂性灾难

我们面对的世界是复杂的。也许每个企业家都曾幻想过,在自己奋斗的领域成为那个无所不知的拉普拉斯妖,但现实总是这样残酷。面对复杂世界,我们所知甚少。

Cramer[①]认为,依据对可描述系统的信息量划分,有三种不同层级的复杂性:

亚临界复杂性(subcritical complexity)。牛顿定律描述的简单物理世界属于此类。描述系统的信息量小于系统本身。

基础复杂性(fundamental complexity)。混沌、随机、湍流系统和许多人类行为属于此类。描述系统的信息量与系统相同。

---

① CRAMER F: Chaos and Order: The Complex Structure of Living Systems, VCH 1993版。

临界复杂性（critical complexity）。海森堡的不确定性、统计定律下的世界、耗散结构、生物物种属于此类。信息量差异介于上面两类之间。

其中，普利高津的耗散结构[①]（dissipative structure）符合临界复杂性。耗散结构是一个远离平衡状态的，非线性的开放系统。当某些参数超过一定阈值后，系统状态由随机转变为一种在时间、空间或功能上的有序状态，并形成吸引子（point attractor，即一个系统有朝某个稳态发展的趋势）和吸引域（basins of attraction，区域内有向吸引子移动的趋势）。由于这种新的、稳定的宏观有序结构，需要不断与外界交换物质或能量才能维持，因此被称之为"耗散结构"。

一个孤立的，与外部没有能量交换的系统最后肯定会呈现为混沌状态。混沌状态是无序和混乱的，熵值最大。而耗散结构是开放的系统，通过和外界进行能量交换，可以走向一个有序的，稳定的状态。

生命本身就是一个耗散结构，通过吸收和消耗能量生存，繁殖和演化。耗散结构还包含社会或经济系统，比如公司或其他组织。

[①] 耗散结构理论：参考 https://baike.baidu.com/item/%E8%80%97%E6%95%A3%E7%BB%93%E6%9E%84%E7%90%86%E8%AE%BA/1138452?fr=aladdin

混沌环境下，耗散结构的发展一方面受结构性的规律推动，另一方面受环境随机变化的影响。这两者的作用被称为**适应性张力**（addaptive tension）。适应性张力的随机变化说明了复杂性的存在。因此，耗散结构的演化与环境选择的进化理论是不同的。

1993年，斯图尔特·考夫曼（Stuart Kauffman）[1]提出的NK模型和复杂性灾难理论认为，达尔文的自然选择现代综合理论存在一定缺陷（并不是否定进化论）。这是因为环境的复杂性影响会阻碍自然选择的过程；而复杂性引起的灾难对生物进化起到了重要的作用。

Kauffman认为生物有机体是由基因组成的复杂系统。基因型（genotype）与表型（phenotype）之间存在映射关系。基因型是指内在的、生物的全部遗传物质的总和。而表型则是指外在的、生物体个别或全部性状的表现。NK模型将进化体（比如说，染色体）看作N个基因位点（座）的顺序排列，每个位点locus上有任意数的等位基因allele。等位基因控制性状，他们的表现会造成性状的显性或隐性。一个位点上的不同意味着不同的等位基因取值和不同的性状（模型中简化为2个等位基因，取值为0或1）。研究的目的就是找出最高适应度的位点基因排列。

---

[1] KAUFFMAN S A: The origins of order: Self-organization and selection in evolution, Oxford University Press 1993版。

NK模型结合了Sewell Wright[1]提出的适应度景观（fitness landscape），研究生物有机体的演化。适应度景观是一个由多个决定性要素组成的多维度空间，其中最后一个维度代表了生命体的适应性。基因有在适应度向上移动的趋向。适应度的高低代表了进化程度的优劣。

模拟进化的基因移动有很多种不同方式。比如，梯度下降，基因重组，遗传算法等。NK模型只探讨了其中一种移动方法：one neighbour change原则，即每次只改变N个位点中的一个等位基因取值。如果作为X的邻居Y的适应度高于X且为所有邻居中的最高值，则X向Y进化；否则X就不动。同时，还要对一个等位基因设置上位基因，即该等位基因的取值受其他K个等位基因的影响。这被称为上位基因关系（epistatic interaction）。如果存在K个上位关系，则一个点上存在2^K个可能的适应度组合。考虑上位关系K的影响，任意一点的适应度值是该点上某一等位基因i对应的2^K个组合的均值。可以看出，上位关系K越多，适应度景观越崎岖（波动性大，不平滑），高度越低。这里，K代表复杂性。N中的每个等位基因的取值不仅仅是由自身决定的，还由其他K个上位基因一起决定。如果不存在复杂性，K=0，则每个等位基因都是独立变量。如果K=N−1，则每个等位

---

[1] WRIGHT S: "The Roles of Mutation, Inbreeding, Crossbreeding and Selection in Evolution", Proceedings of the Sixth International Congress on Genetics, 1932年。

基因都受到其他所有等位基因的影响。K越大景观地形越崎岖，峰值越多，且峰值随K的增大而增加。所谓崎岖（rugged）地形是指保持系统中其他要素不变，当仅改变其中一个要素时，生命体能达到的适应性高度波动非常大，不同起点的最终命运非常波折。

依据Kauffman的理论，复杂性会改变自然选择的进程。这是因为：其一，自然选择（外因）相对于基因变异的复杂性（内因）过于微弱。根据木村资生的中性突变理论，每种生物的DNA突变都是中性的（不分优劣，不分方向），而且有一定速率（分子进化钟）。也就是说，基因突变是固定发生的，比自然选择的力量大得多。其二，即便选择很强大，但复杂性会使大多数个体位于次优位置。因为崎岖地形有多个次优的峰值，物种很难演化到全局最优。试想一下，如果邻近的每一步都是下坡路，在无法看清全局的情况下，怎么能从次优点走向最高点呢？其三，复杂性越强，对选择的限制也就越多。也就是说，越复杂，自然选择的条件越多。没有一个简单的选择标准。

除了要素N与K外，Kauffman在后续又引入了一个要素C，它代表与竞争对手的互动。更新后的NKC模型意味着进化取决于生命体与环境和对手的共同演进。

介绍完NKC模型，我们再来看看复杂性灾难理论。该理论认为有两种情况无法避免。

①如果选择力量弱,尽管峰值位置具有更好的适应度景观,但大部分成员分布其中,无法登上峰顶。这时体现出来的系统适应性顺序与自然选择无关,仅仅反映了幸运的幸存者与失败者的区别。

②随着复杂性增高,峰值与一般景观的差别越来越小;或者在崎岖地形中,生物体被困在许多次优的"局部"峰值上。这时,即使面对强大的选择力量,最适者分布与整个种群也几乎没有什么不同。个个都无法进化。

这些不可避免的情况被称为复杂性灾难(complexity catastrophes)。复杂性限制了自然选择的适应度。因此,Kauffman认为进化过程被限制在一个狭窄的区域内:环境超出一定的混沌边界则结构的秩序不存在;环境超出一定的复杂性边界则结构无法进行自然选择。如此,生命体仅依靠运气而存在。此时,或可进而发生间断式的演化。某个复杂性适应度完全不同的新物种出现了,而原有物种灭亡。也就是说,演化是非连续的,在复杂性灾难的影响下发生断层。

复杂性灾难理论是建立在复杂系统研究基础上的一种生物进化的假说。它的出现引起了管理学者的兴趣。

Mckelvey[1]将NKC模型和共同演化复杂性模型 model of coevolu-

---

[1] MCKELVEY B: "Avoiding complexity catastrophe in coevolutionary pockets: Strategies for rugged landscapes", Organization Science, 1999年第10卷。

tionary complexity应用到了企业战略中。共同演化是指公司、竞争对手和生态环境之间发生相互作用，产生了因果性的变化。包含两个要素：①生态环境及其中的公司；②生态环境及其中公司的竞争对手。

通常来说，企业经营存在两类价值链（网）互动，一类是内部关键活动与流程之间的相互作用；另一类是企业和竞争对手的关键活动与流程之间的相互作用。这两类活动可以分别看作公司自身基因对环境的反应，以及对竞争者的反应。当公司、竞争对手和环境之间发生的共同演化带来重大的因果性变化，会改变企业活动消耗资源的效率。通俗地说，重大进化的发生影响到了投入和产出。

一般来说，多层次的共同演化发生在环境、种群、公司、公司内部职能四个层面上。价值链（网）上超过一个关键职能的变化会引起多层次共同演化的复杂性（multi-coevolutionary complexity），即在全部四个层面上发生连锁互动。多层次共同演化的复杂性是由公司和竞争对手之间相互依赖，共同进化，共同适应环境的行为引发的。这种复杂性可以很好地类比生物演化的复杂性。因此，NKC模型就有了用武之地。

NKC模型的优势在于其不仅可将某特定的功能活动part看作一个微状态（类似等位基因allel），而且可将每个战略能力或活动都看作一个微状态。所有微状态的集合构成了企业整体

whole（基因型）。不同的功能活动通过在价格、成本、产品质量和品牌上的博弈，最终呈现出企业整体的不同。

从NKC模型的角度来理解组织，我们可以把一间公司看作组成价值链的能力或活动的全部集合。这里价值链以及构成价值链的资源是公司竞争优势的来源。但不是所有的企业活动事件都被称为战略能力事件（competence events）。我们只关注那些影响企业竞争优势和估值的战略能力或活动。大家有没有发现，这个模型实质上结合了波特的价值链（网）理论和资源导向战略RBV的理论。

为了更好地在公司和超公司（如国家）的层面上研究简单与效率，复杂性与竞争优势的关系，研究者利用NKC模型对组织的共同演化进行了计算机多智能体模拟。具体做法是给每一个战略能力事件分配一个虚拟的微代理人（microagent）。每个微代理人即是一个智能体（我们在第22章具体介绍）。假设他们的行为符合随机特性；他们之间的共同进化将显示多层次的复杂性。使用战略能力或活动对公司功能进行分解，并用微代理人代替正式的组织结构。这使得分析不受企业具体组织架构的影响，简化了企业的组织活动，为计算机模拟创造了便利。

这里要强调一下随机特性假设。一般来说，某一科学领域所研究的是一系列互动的微状态系统（interactive microstate system），比如生物学研究基因，经济学研究行为。传统上认为领域内的微状态是一致的，例如传统经济学的理性人假设。但随着学科的发展，一致性假设逐渐让位于随机特性假设。微状态具有随机发生的特性，比如物理中的量子力学和生物学中Kauffman的NKC模型。复杂系统中公司的发展同样具有随机性和非线性的特点。这种随机是由复杂的依赖关系造成的。随机性假设也与事实更为符合。公司并不是CEO一人的公司，而是由成千上万的流程互动和背后的资源与员工构成。这些复杂的互动构成了随机特性，而不是什么一致性假设。

◎ 共同演化启示录

介绍实验结论前，我们先搞清楚NKC模型中的几个代表值和基本概念。N代表关键战略能力事件组成。K是内部共同进化相互依赖参数，代表内部复杂性；C是外部共同进化相互依赖参数，代表外部复杂性。两者形成调谐效应。增加K会引起更多的复杂性和可能的灾难，会更快地进入纳什均衡稳定状态；因为K越大，相互的制约关系越多。增加C会降低企业的内部复杂性，延长非稳定状态和对手间的互动行为。这是因为与对手的互动会限制内部活动。增加独立于现有依赖关系C的公司数量S（增大共同进化组合pocket），也会延长非稳定性。这也很好理解，对手越多，与之的互动就越复杂，不会太早进入均衡局面。

我们来看看计算机模拟后得到的结论与启示。

①保持公司的K和C的值同时低于对手K和C的水平。在竞争优势稳定的情况下，低值公司打败高值公司。这让我想到了著名的KISS原则（Keep it simple, stupid）。简化是提升效率和对抗复杂性的重要工具。

②保持公司的K与C的值接近，其比K与C值偏离的公司更具有竞争优势。无论是主动为之还是被动达到，K与C的接近说明内部演化和外部演化形成了谐振，从而让其在竞争中更有效率。

③协同进化系统倾向于选择K值和C值与共同组合内的平均值相似的公司。也就是说在共同演化的结果会让种群内物种的K值和C值趋同。

④在少数价值链能力上进行演化或创新的公司比同时在多个关键能力上进行的公司拥有更多的竞争优势。这说明集中资源仍是竞争的不二法门。不要同时追求过多方面的变革。

⑤共同进化组合（pocket）中企业的数量S越多，可能实现高竞争优势的可能性就越低。这是因为对手数量增加会引起适应度景观的震荡，可能性波谷增加了。遇到不利的外部经济事件时，失败企业的数量会增加。这意味着掌握关键战略能力的公司越少越好。这是不是让你想起了垄断竞争或者卡特尔？

⑥当外部参数C比较高时，公司可引入一个新的，有利的内部参数K。随着K在整个组合（pocket）里扩散，将会增加其

适应性。但如果C小于K，这个推论不成立。这是一个后发的，主动管理策略。也就是说，如果竞争者互动C更高的话，应该提高内部互动K来顺应竞争。反之，则应该降低内部互动。

⑦当价值链的重要战略能力事件组成N越来越多时，公司如果能保持其内部参数K小于N，则其能保持竞争优势向更高的水平移动。这同样意味着能集中火力的一方更有优势。

战略的关键是保持内外部共同演化的相互依赖，相互匹配。按照Kauffman的发现，应关注那些C值在8附近（外部相互依赖不高也不低），并使K值接近C值的竞争者。这样可以使适应性达到比较好的高度。较低的复杂性会降低共同演化的程度，从而影响适应性。太高的复杂性会提升管理成本。外部的共同进化依赖限制了内部共同进化依赖。一个可能的解释是公司试图同时在过多的内部价值链能力上进行竞争会引起不确定性和高成本。这大大超过了共同进化带来好处的概率。复杂性共同演化模型的核心就是要控制你和对手之间共舞的节奏，与好的对手共同进步。试想一下这些场景：如果行业复杂性不够，你的对手是纯粹的价格竞争者，将行业拖入无止境的价格战红海，那么谁也不能进化到更高的状态。如果太复杂，行业将是非常割裂的，谁也别想做大。

使用NKC模型可以将进化论与生态学运用到价值链（网）的具体分析中去。既从行业整体也从局部分析了企业的竞争优势与竞争过程，并引入了跳跃式进化。这增加了研究现实因果关系的不同角度，而不仅仅是分析历史成因。

当然，NKC模型也存在很多局限性。比如，模型中企业与对手的互动都是随机分布的，而现实中并非如此。同时，研究中的参数和取值被大大简化了，这与现实不相符；并且Kauffman的生物进化与企业进化也存在区别，很难一一对应。还有就是对于新兴行业发展早期是否适用的问题。不过，这些并不影响NK模型的巨大作用。

Kauffman的NKC原模型推出后，很多人都在研究进化中复杂性灾难的影响。由于基于假设条件的NKC模型存在过多的限制，因此在很多情况下，复杂性灾难会被大大减弱。那么，复杂性灾难真的无法避免吗？这对企业和投资人的战略复杂性管理又意味着什么呢？

研究者Solow，Burnetas，Tsai和Greenspan发现[1]，复杂性灾难并非完全不可避免。但是避免的条件很苛刻。此外，在原模型的假设中，N个元素之间的上位互动关系K是随机的。这在生物学环境下可以反映我们对基因相互关系的不确定性，但是对于企业战略管理来说并非总是如此。Rivkin和Siggelkow的

---

[1] SOLOW D, BURNETAS A, TSAI M C, et al: "Understanding and attenuating the complexity catastrophe in Kauffman's NK model of genome evolution", Complexity, 1999年第5卷。

研究则表明[①]，不同的互动关系结构 interaction structures（非随机）会引起不同的适应性地形。在某些情况下，更复杂的关系可能带来更高的适应性结果。互动关系结构是另一个非常有趣的，值得思考的问题。有兴趣的话，可以去看对应的论文。

我们知道战略家的一个重要职责是关注管理企业面对的内外部复杂性。这里需要明确一下关注的重点问题：既然复杂性灾难是非连续进化的重要时刻，那么何种情况下，行业会出现复杂性灾难？断层式进化产生的新组织形态和商业模式会替代旧有的，处于领先地位的企业？

针对这一研究目标，研究者尝试做了一些推测。通过未来的研究，可以对其真实性进行验证。

①当价值链（网）上新出现的职能使旧有关键职能的影响力评估更不确定时，原有行业及其领导者很有可能出现复杂性灾难。因为其可能很难面对相互矛盾的战略职能进行投资，从而落入成功者陷阱。

②当价值链（网）中新的关键战略职能出现时，行业及其领导者可能出现复杂性灾难。

③当价值链（网）中的关键战略职能发生改变时，可能出现复杂性灾难。此时，原有行业模式及玩家的战略资源不再具

[①] RIVKIN J W, SIGGELKOW N: "Patterned interactions in complex systems: Implications for exploration", Management science, 2007年第53卷。

有发展空间的想象力。

任何复杂性灾难的出现都意味着新的商业模式,新的行业领导者的出现。如何抢占先机,在关键时点做正确的决策和投资,对企业家和投资人都是重要的研究课题。关于断层式的进化,我们在后面的长跳法则中还要介绍。复杂性法则给我们带来的启示是:战略家更偏爱崎岖而不是平滑的地形,但过于复杂的波动也要极力避免。这是一条在两极之间把握中道的中庸之路。管理复杂性是战略家面对的重要问题。保持最佳的复杂性水平是竞争战略和组织设计的重要部分。

[个人未来规划指南]

个人的进步也是基于环境、自身和竞争对手之间的复杂互动,符合共同演化复杂性模型model of coevolutionary complexity。良性互动能促进我们形成自身优势和对应的战略资源。

故此,环境和对手的选择十分重要。在求学以及工作中,同伴影响的作用巨大。获得和自己智力、能力接近甚至优于自己的人的激励,对我们的成长非常有利。这也是为何学区房魅力不减的原因。人对环境的反应是刻在基因里的。孔子说,"三人行,必有我师焉。择其善者而从之,其不善者而改之。"如果都是负面的影响,我不相信谁能持续地进步。正向激励是绝对不可或缺的。

需要师友的同时,我们也需要对手。这里说的对手是在某一时间点和某一环境里为了利益和我们直接竞争的人。如果没有对手,那一定是我们哪里做得不好。越往高层次走,就越不能回避或脱离直接竞争,因为优质资源永远都是稀缺的。

那么,如何通过管理互动复杂性而获得个人的竞争优势呢?

首先,与对手互动,和自身互动的能力关键点应该是对应的(也就是说,K=C)。这意味着我们清楚地知道自己的对手是谁,并能将资源集中,巩固自己优势的同时防御对手。举一个例子,让我们更好地理解它的意义。假设目标就是考试中的排名,如果你努力学习的内容不在考核的科目中,那么你将在竞争中处于明显不利的位置。

其次,相比于对手,我们的环境互动和对手互动所依赖的要素数量要少于竞争者。这句话的意思是,我们在竞争优势方面要比对手更具有环境适应性和集中优势,而非仅仅具有差异性。以部落竞争为例。农耕部落单位土地的食物产出效率比游牧部落高很多,可以维持较高的人口密度。对农耕者来说,食物生产效率是关键。充足的食物可促进人口增长,人口增长可以加强部落的防御和攻击力。这样就可以逐步增加土地占有，进一步扩充实力。有土斯有财，有财斯有兵，有兵斯有土。策略关键能力的核心是围绕提高土地产能展开的。关系简单明确。而游牧部落的食物产出效率低，人口密度低，需要更大面积的草场，更灵活的军事部署。假设存在不止一个农耕和游牧部落，游牧部落需要在更大范围内竞争，受制约的要素明显比农耕部落多。这会分散其资源，因此农耕部落的集中优势是显而易见的。

再次，当我们提升个人能力的时候，不可同时进行过多的改变，要集中火力。资源分散很容易造成失败。

最后，我们要尽可能地将竞争范围内的对手数量进行压缩。太多的竞争者意味着我们还处在较低的初始层级，或者环境本身存在缺陷。

这么解释一下，是不是觉得复杂性法则容易理解多了？

此外，还有一个重点是关于断层式进化的。一定要注意寻找跳跃演化的机会。进化不是连续的。当某些关键性新要素出现的时候，很可能就是个人突破瓶颈的机会。因此，不要忽视科技、社会、经济和政治这些宏观因素的影响。个人职业发展中，选择行业和公司是一个最可能改变自身命运的机会。如何从复杂性控制的角度考虑公司竞争和组织策略问题是一个全新的视角。要找到那个合适的发展平台，还需要我们进一步思考。

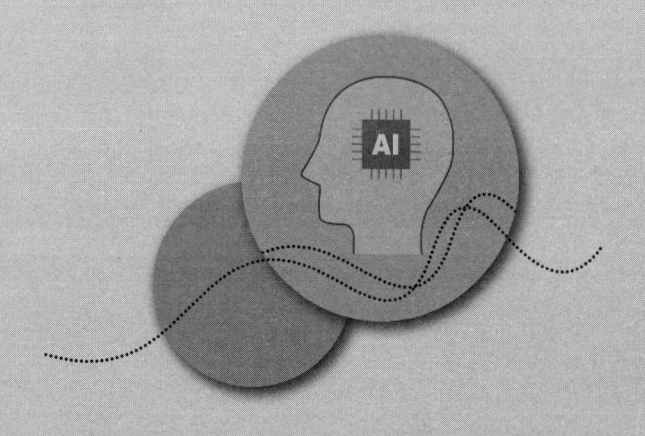

第15章
模块化法则

　　面对复杂世界的挑战,模块化是我们的重要工具。它可以应用于企业的产品设计和组织设计。尽管如此,模块化应用也存在着一定的风险。过度模块化或模块化不足都可能对企业的创新带来负面影响。模块化既能化繁为简,也可能化繁为烦。

解决复杂性的工具

复杂性是现代组织必须面对的问题。如何化复杂为简单呢？模块化已经成为解决复杂系统设计、协调和管理的重要工具。一般来说，复杂系统的规模越大，其构成要素以及之间的互动关系就越多。这时，整体化的设计和管理几乎是不可能的。

模块化就是对整体进行分割，组织和打包。让每个模块完成一个特定的子功能，再把所有的模块按某种方法组装起来，成为一个整体，完成系统所要求的功能。模块化的组织更灵活，更适合快速迭代与创新。创新与效率可以说是模块化被公司采用的主要原因。

不过，即便模块化后，复杂性仍无处不在。这不仅因为内部独立形成的模块对整体有影响，还因为各模块之间的相互作用也对整体有影响，而且这些作用是非线性及非单调性的。也就是说，它们的相互作用可以是正向、反向或无关的，并且还会发生改变。因此，牵一发动全身。任何一个模块内的本地化适应行为都可能带来连锁反应，并对整体状态产生影响。

在商业中，模块化体现了人、组织部门（用产品、功能或地理区分），以及各种信息与决策流程的相对独立。模块化设计的意义在于公司高层追求多线程效率、主动创新、降低冗余信息和冲突、增加协同等多种目的。但模块之间没有任何联系的可能性几乎不存在。划分模块时，我们对模块的定义是指模块内部的，结构性强联系远大于模块之间的弱联系。当模块之间的联系过于复杂时，我们把它们当作一个整体。也就是说，模块内部的内聚性大于模块间的耦合性。

模块化策略可以应用于产品和组织设计。

①在产品设计中，可以通过模块内的自主性和模块间的混合与重组大幅提高产品创新性与适销性。组合创新比颠覆性创新更常见。

②在组织设计中，模块通过信息管道information structure而不是管理层级进行交流，从而提高了沟通效率。有时候非正式沟通比正式沟通更有效率。

事实上，模块化涉及下列四个方面的研究。

模块的数量

将全部要素分配进不同的模块

模块内部要素的互动（聚合）

模块间要素的互动（耦合）

这些研究可以帮助我们更好地了解模块化应用，尤其是对于创新型企业的组织发展策略的影响。

我们来看看 Ethiraj 和 Levinthal[1] 的研究。他们对比和分析了过度模块化（over-modularity）和模块化不足（under-modularity）两种情况对创新的影响。

研究者首先对涉及系统的三个方面进行建模。因为建模比较复杂，这里只做概念性介绍。

①对系统结构进行建模。通过功能划分独立模块，设定模块之间的互动。把复杂系统中的决策根据内聚性和耦合性进行分组，形成模块；并量化各模块与整体的业绩表现关系。

②对模块的设计要素进行建模。这里指假设每个模块的组成要素数量相同，通过确定每个模块的组成要素 module composition（决策变量的数量），就可以得到模块数。当设计的模块数量 K>真实的模块数量 M，就是过度模块化；当 K<M，就是模块化不足。

---

[1] ETHIRAJ S K, LEVINTHAL D: "Modularity and innovation in complex systems", Management science, 2004年第50卷。

③对系统的外部适应过程进行建模。这里包括本地探索（local search）和重新组合（recombination）。也就是把创新在结构上进行划分。

本地探索指模块内并行的探索和适应能力。我们可以把一个模块看作一个产品开发小组，一个部门，也可以看作一个独立的子公司。如果一个本地探索对模块本身业绩有改善，则被采用；如果没有改善，则被放弃。当然，模块的业绩表现不必与整体表现相关。重新组合指混合、匹配或重组系统中不同的模块和模块间的互动关系，共有三个层次。一是整体系统层面的（firm selection），类似公司从外部复制一个更高业绩表现的模块化模型；二是模块层面的（module selection），即通过计算不同模块化选项的业绩表现，选择更优的模型；三是这两者之间的混合状态。

构建了这些基本模型，就可以通过计算机模拟其演化，看过度模块化和模块化不足哪种结构的适应度更高。

○ 过度模块化的危害

Ethiraj 和 Levinthal 在一个假想的环境里对 10 家公司共 30 个决策要素的演化模型进行了模拟，发现如下结论。

①在未知模块化结构的情况下，宁可保持低模块化程度（选择整合化 integration），也不过度模块化（或称 greater modularity）。

过度模块化会使多线程效率被系统内部的互动和整合所拖累。一方面模块化通过多线程处理提高了效率，另一方面互相掣肘 self-perturbation 降低了效率。通俗地说，如果互动关系复杂，没有清晰的沟通系统，我们宁愿保持组织的完整和明确的指挥系统。

②无论过度模块化还是模块化不足都会降低创新的有效性；其中过度模块化的影响更大。如果模块化不足，创新会以本地探索 local search 为主。类似我们在分析以强能力为竞争优势的公司时指出，这类创新公司往往组织结构更为简化，模块化水平低。如果过度模块化，本地探索和重新组合之间的作用是相互抵消的。创新会偏向重新组合。这也好理解，重新组合要求具有一定模块化自治水平。

具体到有效的重新组合，其要求存在互补性的替代选择，也即是非同质化的竞争。这里涉及两个关键。

其一，在公司外部，firm selection 的多样化是重新组合的前提基础。如果市场上没有多样化的生存方式，公司层面的 firm selection 反而会有价值损害。比如说，市场上只有一种类型的玩家，相互模仿会使公司陷入恶性竞争的陷阱。不过，单一类型有时是公司的外部市场结构决定的。集中型市场的多样性远远少于分散型市场。

其二，当外部的 firm selection 不具有多样性时，创新只能依靠公司内部模块层面的重组（module selection）。这时，公司要确保在内部环境（组织内的产品开发或创新）中，存在必要的高差异性。也就是说，不要只押注于一种单一设计（所谓all in）。当然，这在公司的实际运营中很可能由于资源限制而无法实现。

过犹不及，无论是过度模块化或模块化不足都对创新有负面影响。中等规模的模块化也许是最有效的。但比较两者，过度模块化带来的负面影响更多。此外，模块化策略更多的是一种动态过程管理，而不是对最佳模块化的预测。

面对复杂性，公司要清楚整合化（integration）与模块化（modularity）之间的差异与互补，在其间做出平衡。对外深刻理解公司所处环境；对内洞悉公司战略资源和能力之间的相互关系，才能做出正确的组织战略决策与调整。

[个人未来规划指南]

一家公司的组织结构反映了这家公司对未来趋势的判断和假设。能把握趋势的公司更容易成功。种群法则、复杂性法则和模块化法则这三章的内容稍显学术和复杂，但却非常有助于识别优秀的组织。下面做个小小的总结。

①关于种群法则，要思考的是：面对变动的外部环境，公司如何应用同态定律发展组织，制定适合的战略？

②关于复杂性法则，要思考的是：为了更好地适应环境，

组织如何管理内外部复杂性？避免复杂性灾难，或利用其带来的机会？

③关于模块化法则，要思考的是：为应对复杂性世界，企业如何设计组织和权力结构，以激发创新和提升效率？

面对这些问题的挑战，有潜力的组织应该早就胸有成竹。在你进入一家公司前，要多做功课，了解行业发展状况，进行企业的背景调查。不要让求职成为企业单方面的选择。优秀的人才也有选择的权利。

不过，归根结底，公司是人组成的。把人才有效地组织起来，才能完成对资源的优化配置，创造更多的价值。人的要素是组织中最核心的。

下一章"城堡法则"是承上启下的章节。我们会具体分析什么类型的组织结构更适合那些处于动荡且复杂环境中的创新型企业，还会开始探讨如何判断组织中核心人物的成功潜力。

对个人而言，与优秀的组织共同成长是成功的不二法门，而企业也需要优秀人才的辅助。那么，哪些人才是真正有发展潜力，需要重点培养的呢？我认为是那些懂一点战略规划的人。经常看到一些花边新闻，某某大厂的高管又出事了。家庭不稳，后院起火。这些人绝不是值得下注的对象。正如我们在前言中所说，善于个人与家庭规划的人，也一定善于协助企业进行战略规划；反之亦然。

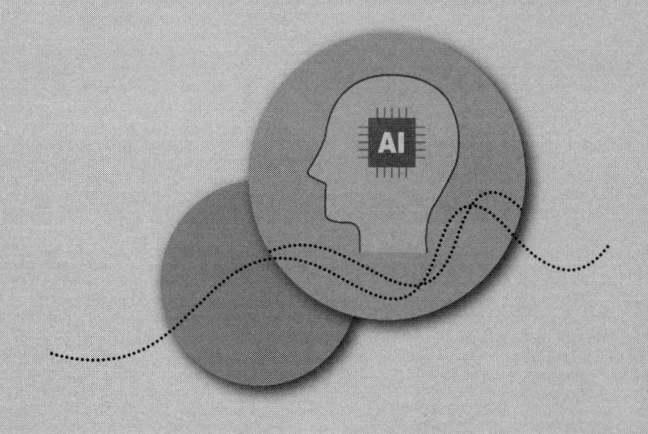

第16章
城堡法则

"和你关系最好的五个朋友就是你的城堡。"这句话是特朗普当上美国总统以前经常挂在嘴边的。它的意思是说,区分不同阶层的是朋友圈。能和什么人在一起往往定义了你是什么样的人,决定了你能否晋身为成功者。在战略管理领域里,城堡法则探究的是何种类型的创始团队能形成坚固的堡垒,在长期竞争中不断演化,立于不败之地。

勾勒城堡的素描

风险投资家对于创始团队的背景非常重视,人的因素决定了企业的生死。但大多数人对于创业团队的判断还是基于朴素的认知、直觉,甚至于命理玄学,总体不太可靠。因此,更多的投资人转而选择那些外在的条件。但实际上,分析创业团队及其组织结构是有一定科学依据的。我们尝试看能不能勾勒出一幅大致的肖像画。

Simon[1]在著作"The architecture of complexity"中提出,一个复杂系统由多个要素组成并遵循复杂模式进行互动。复杂系统的基础特性有两个,一是权力的层级化,另一个是高内聚低耦合性的模块化。这两个特性是所有复杂性组织的研究基础。

---

[1] SIMON H: "The architecture of complexity. Proceedings of the American Philosophical Society", Managing in the modular age, Blackwell Publishing 1962版。

基于此，Ethiraj和Levinthal[①]用一个四象限模型定义了组织内不同的互动模式。

集权+适度模块化（层级+低耦合）

分权+适度模块化（非层级+低耦合）

集权+整合化（层级+高耦合）

分权+整合化（非层级+高耦合）

图6　组织不同的互动模式

这里层级指权力集中，非层级指权力分散。低耦合指的是组织内部的模块化自治，高耦合指组织内部的紧密结合。

Ethiraj和Levinthal把企业适应性行为分为两类。

①一阶适应first order adaption。指利用策略exploit，持续性改进效率。比如改变定价政策、发布新产品、新广告、新渠道、

---

① ETHIRAJ S K, LEVINTHAL D: "Bounded rationality and the search for organizational architecture: An evolutionary perspective on the design of organizations and their evolvability", Administrative Science Quarterly, 2004年第49卷。

投资技术研发等。

②二阶适应（Second order Adaption）。指探索策略（explore），完全改变现有业务、组织架构和模式。

这两种适应被认为是企业都需要的。一阶适应的收益会逐步递减，但递减可以被二阶适应的创新所修正；同时，二阶适应会对一阶适应的逐步改进产生抵消或破坏作用。

研究者进行了模拟实验，结果表明：

①在稳定的环境下，无论内部结构如何，具有强大领导力的集权型组织都可以通过一、二阶适应达到最优解。

②在变动的环境下，只有集权+适度模块化才可以通过一、二阶适应达到一定的优化解。相反，整合化的紧密型组织，只有在集权，且一阶和二阶适应相互补充时才有良好的表现。这意味着有超强领导人存在的紧密型组织，只有不断创新和探索才有机会。但这类组织无法完成独立的一阶适应，会在组织进行持续改进效率时遇到障碍。当然，随着其规模的扩张，组织形式也会发生变化。这些结果和模块化法则中介绍的非常类似。

总体来看，一阶+二阶的综合适应好于单一适应。即便在分权型的组织中，也是如此。但强大的领导力确实非常重要。领导力无论在稳定或变化的环境中都能发挥关键作用。不过，强权人物+适度模块化的组织形式效果最好。此外，如果环境变动非常动荡，则一阶和二阶适应都会失效。

◯ 组织设计四要素

通过 Ethiraj 和 Levinthal 的研究，我们对创始团队的画像有了进一步的了解。为了把城堡法则剖析得再深入一点，尤其是针对环境变动和复杂性的影响，我们再看看战略老西医 Rivkin[①] 的研究。他试图解开两个关于战略组织结构设计的疑问：

基于环境的变动和复杂性，我们该如何设计有效的组织架构？

在激荡和复杂的环境下，哪些要素对于组织设计是最重要的？

传统研究认为，组织架构的设计取决于组织采用的技术，各子任务间的依赖度，信息处理过程和所在环境的复杂性。这些要素及相互间的作用影响了组织架构的设计，从而影响组织的任务分配、决策权结构、激励措施和不同层级间的信息交流。但由于新技术的快速迭代和不断增强的环境复杂性，新的组织设计策略更偏重于信息沟通网络、社交关系、流程和能力等。

Rivkin 利用 NK 模型计算机模拟，寻找最适合激荡和复杂环

---

① SIGGELKOW N, RIVKIN J W: "Speed and search: Designing organizations for turbulence and complexity", Organization Science, 2005 年第 16 卷。

境下的组织形式，并提出了四个组织结构设计的重要影响因子。

①替代选择配置（ALT altenative choice configuration）：代表各个部门领导的决策处理能力。定义为部门领导在决策时要考虑的偏离原状态的决策因子数量，反映部门权力的大小。

②全公司激励（INCENT firmwide incentives）：代表对其他部门的关心度。取值范围（0~1）；取0时，表明该部门只关心本部门的业绩；取1时，表明该部门同时考虑外部决策，并致力于全公司利益的最大化。

③部门提议（PROP department proposals）：代表信息流的丰富度。

④组合选择（COMP composite alternatives）：代表部门间的合作能力。

这四个不同的要素组合在一起就形成了不同的组织架构。按权力从分散到集中排列，共有五种结构。

类型与部门权力差异	是否完全自治	是否有部门审核权	是否有权设定日程	是否有否决权
自治型 Decentralized	Yes			
联络型 Liaison	No	Yes	Yes	Yes
分权型 Lateral Communication	No	No	No	Yes
等级型 Hierarchy	No	Yes	No	No
集权型 Centralized	No	No	No	No

图7　五种组织架构

研究发现：在激荡环境下，组织必须能够迅速改进他们的业绩表现；而在复杂环境下，组织则要能拓宽探索的范围（本书第18章长跳法则中有详细介绍）。这些依据模拟实验提出的新假说和传统观念有不少出入。

首先我们来看代表部门权力大小的ALT对组织架构的影响。

假说1：在单纯环境中，组织中的部门决策权越大（ALT较大），越有助于加快改善速度。在复杂环境中，分权型组织中的部门决策权越大，会拖延改善速度；而集权型组织则没有这一困扰。这可能是因为部门权力越大，越可以自行决策；从而不需要公司层面的协调，并会推迟策略协同。

假说2：对于部门权力较大但又非完全自治或集权的组织，越大的部门决策权越会降低组织探索领域的宽度。这是因为部门权力越大越有可能筛除那些他们不太喜欢的选项。对于自治或集权型的组织则不存在这一问题。

故此，在高科技创业公司中，尽管该让各部门参与更多的决策，但一个强有力的，能决断杀伐的公司领导人是不可或缺的。

我们再来看代表对其他部门关心度的INCENT对组织架构的影响。

假说3：无论是在单纯还是复杂的环境里，对其他部门的关心度越高（INCENT大）越有助于迅速的改善。

假说4：在权力较为集中，或部门管理者能相互制约的环境里，关心度越大越有可能提高探索领域的宽度。而在自治型的组织里，作用相反，越大反而会降低探索领域的宽度。

因此，鼓励各部门关注公司的整体发展还是很重要的。

其次，我们来看代表部门间协作能力的因素COMP。

假说5：集权或者完全分权的组织除外，无论环境如何，部门协作越多（COPM越大），综合决策效率越高，组织越能有效地进行持续改善。尤其是在不稳定环境里，更需要部门综合评估后做出最优决策。

假说6：只有联络型组织（部门不具备完全自治，但需要通过协商确定综合决策），高水平的部门协作才能提高探索领域的宽度。在完全自治和权力更集中的企业里，高部门协作只会降低探索宽度。

也就是说，需要宽探索的创业公司如果有足够强的核心领导，不必过于强调各部门间的协作能力。这种协作反而可能是不利于拓宽探索的领域。

而后，我们来看代表信息流丰富度的要素PROP。

假说7：一般来说，提高信息流丰富度PROP，对组织持续改进的速度和提高组织的探索宽度都没有什么影响。

假说8：等级型组织例外。更丰富的信息会降低组织持续改进的速度，而提高组织的探索宽度。

因此，创新创业公司过多强调部门间的信息分享，可能并没有什么用。

最后是针对不同环境下组织结构设计的假说。

假说9：对于单纯而稳定的环境而言，不同的组织架构对于公司的业绩表现并没有太大的影响。

假说10：对稳定复杂的环境而言，拓宽公司探索领域最重要。等级型+高信息流丰富度（PROP），或分权型组织+高整体业绩关心度（INCENT）的组织架构更优。

假说11：对于激荡但简单的环境而言，提高公司持续改进速度最重要。自治型组织最优。

假说12：对于激荡而又复杂的环境而言，需要平衡公司的改进速度和拓宽探索领域。集权型组织（或分权型组织）+高整体业绩关心度（INCENT）更优。

根据研究可以看出，组织和权力结构的设计受环境的影响。针对于创新创业公司经常面对的激荡且复杂的环境，法则给出的建议是：

①强力的核心创始人是最关键的。他必须具备杀伐决断的能力、足够的商业经验和行业眼光。领导层必须对各部门决策有足够的影响力和最后的话语权。

②一旦创始团队在技术或市场的某方面存有劣势，或者由于行业复杂多变，需要分权时，一定的各部门决策权和维持对

整体公司业绩的关心度很重要。但即便公司需要引入一些牛人的支持，也不可让部门之间因为利益冲突而造成效率的降低。

③创始团队必须能兼顾预期业绩的达成（一阶适应）和较宽的探索领域（二阶适应），不可偏废。

④追求整体业绩和效率，部门间不必强调过多的信息交流；

⑤创始人对环境变化要有足够的敏感度。如果环境和赛道变化过于剧烈，则应有能力带领团队开辟一条新路。

城堡法则告诉我们，强大的领导力是创始人必备的基本素质，是其他一切条件的基础。

[个人未来规划指南]

> 2022年初，我看到过一篇关于傅盛和猎户星空公司的报道。这篇文章已经被全网删除了。单看报道给人的印象：机器人公司猎户星空是一场豪赌后的失败。烧光10亿、高管停薪、大幅裁员、融资不顺、产品毫无希望。而这一切都是创始人傅盛的过失。文章给出的原因有以下几点。
>
> 花钱如流水：频繁试错，支出庞大，挪用上市母公司猎豹移动的资源。
>
> 招揽人才而不善管理：联合创始人被逼走，高管流动性大。

没有清晰的规划和目标：各产品间缺乏联系，难以形成生态。

对此，傅盛本人也一一给出了回应：

报道中的这点投资对于硬核科技公司来说是必须的，且花得很有效，一直围绕全链条开发核心AI能力。

创业就是寻找志同道合的人。人员流动是正常的。

猎户星空一直在探索不同的商业场景，已经摸索出递送和服务机器人两条重要赛道，将很快实现盈利。

我不认识傅盛，也不了解猎户星空公司。对傅盛或他的公司，我实在没有资格评论。但仅从这篇批评文章的观点看，作者并未指出任何猎户星空公司的实质性错误。围绕核心技术建立壁垒，迅速拓宽探索领域；干掉无法合作的联合创始人，整合队伍，建立强有力的领导层；这些都是创业公司的必选项。实在看不出傅盛哪点做得不对，反而让人觉得他是个创业老兵。

对于创业公司来说，强有力的领导团队和有效率的组织设计就是保护自身的城堡。经常有人会提到企业护城河，但没有城堡要护城河又有什么用呢？创始人要时时处处小心维护权力和组织的良性运转。对于创新型公司的管理层来说，领导力与分权的结合十分关键。权威而不刚愎，勇于探索，知人善任；而不是夸夸其谈，自以为是。

对个人发展来说，选对组织跟对人始终是第一要务。城堡法则是帮助我们判断人的第一种武器。

对于人和组织的判断千万不能止于感性，要制作量化评估表，在不同维度上进行对比。由于认知偏差的存在，如果不能迫使自己在不同维度上进行思考，大概率会陷入偏好陷阱。譬如，人的气场强大是一种领导力的直觉判断标准，但也可能只是外在的假象。

对业内的专业人士进行评估还离不开一件重要的准备工作，你首先要进入一个特定的圈子。如果没有接触的机会，其他都是空谈。这就是为什么说，积极参与特定的社团组织对个人发展很重要；选择大学时，需要综合评估专业、学校和城市三个标准等等。这些工作都需要提早进行。

另外，特朗普的话也可以借鉴。看看你最好的五位朋友是哪些人？你服务的组织机构是哪一家？你为他们的发展做了哪些事？把精力重点放在对你成长有帮助的人和事情上。

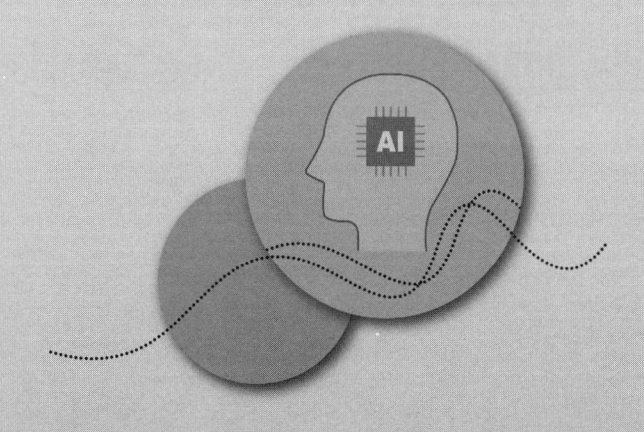

第17章
破壁法则

"张僧繇擅画龙，点睛而破壁。"我们常用画龙点睛来形容一件事情起到的关键作用。对于创新型企业的负责人来说，这个关键就是打破自我确认平衡的能力，即用新的心理表征来代替旧的；用新的营运范式来代替旧的。这种自我突破的勇气是创新型领导所必需的。

◇《三体》与维度打击

互联网人士喜欢谈论"降维打击"。人们用外星人的"二向箔"指改变对手的生存环境，使其无法适应。借助《三体》的一个比喻激发我们产生新的想法，这非常棒。但我们仍需要深入思考这些新想法，在多个维度上定义它，并把它落实到具体行动中去。

先说说什么是维度？维度在拉丁语中就是完全的量度。通常的理解：任意一个点，定义了（n_1）的数值就可以确定它在直线上的位置，这是一维。定义了（n_1，n_2）两个数值就可以确定这点在平面上的位置，这是二维。定义了（n_1，n_2，n_3）三个数值就可以确定这点在空间中的位置，这是三维。以此类推，11维无非就是确定任意一点在宇宙中的位置（n_1，n_2，…，n_{11}）。宇宙是0~10维的。

企业所处的竞争空间也具有维度，类似大前研一[①]所说的关键成功要素KFS（key factors for success）。KFS就是在某一行业中竞争所依赖的主要成功要素。不同要素反映了不同行业的策略重点和资源发展方向。分析公司战略时确定这些维度的数值，我们就能知道企业在竞争空间里的位置。

通常来说，对于创新型企业的竞争有四个层次：

改写游戏规则。指改变关键成功要素KFSs，改变维度。
智慧领先。指在技术力、市场力等关键KFSs方面具有优势。
数量领先。指在成本和规模上具有优势。
两强相遇勇者胜。指在管理和组织动员方面具有优势。

这里的改变维度也就是大前研一讲的"主动进攻"策略，适合于创新型企业。当与对手生存在一个不同的维度空间的时候，就产生了维度打击。这里的维度打击不一定是降维，也可以是升维或者变维。

那么，如何进行维度打击呢？在切入主题之前，我们先介绍两个基本概念。第一个是主观理性，又称有限理性。这里指人的理性思维的有限性。简单说，人不是上帝，不可能从上

[①] 大前研一：《策略家的智慧》，中国友谊出版公司1985版。

帝视角来预判。另一个概念是自确认平衡SCE（self-confirming equilibrium）。指如果观察到的事物和主观理性的判断相符，将促成暂时性的，自我认可的平衡。这个平衡不是古典经济学所假设的那种最佳平衡点。

新旧范式的转换

研究者Michael Ryall[①]认为，行业内部竞争不是推动行业发展的允分条件，不能通过互相竞争来达到经营的最优解。原因如下。

①竞争者可能受到共同的历史和外部环境的影响。他们基于共同的，主观理性下的假设，达到行业的短暂战略平衡。这种主观最优解是自解释性的（self-explanatory）。说白了就是自说自话，自我实现。

②环境的复杂性带来的有限认知和自我确认一起成为一个闭环，形成短暂的平衡。这种平衡是动态的，可能有无限个解和无限个达成路径，可以在多个点上达到均衡。因此，它不是唯一的，不是宿命，不是纳什均衡解。只能被称为一种所谓的行业共识。

---

① RYALL M D: "Subjective rationality, self-confirming equilibrium, and corporate strategy", Management Science, 2003年第49卷。

举例来说，很多公司采用的多元化策略发展，可能就是自我确认平衡的结果。当所有对手都假设多元化是剩余资源有效的利用方式时，就会导致公司要么不进行多元化，但进入相对不佳的竞争地位；要么过度使用资源进行多元化，最终丧失优势。也就是我们在前面介绍过的花车效应。数据表明，多元化或集中化都不是产生超额收益的本质原因。

但反过来看，这种人云亦云的多元化可能恰恰是行业变迁和发展的必要中继。有时候，成功不是你做对了什么，而是对手做错了。现有玩家误判导致的过度资源使用可能给新公司带来变革的机会。这些其实是和自我确认平衡SCE相关的。

这就印证了为什么突破性的创新往往来自外部。也就是大家说的，致命的跨界降维打击。淘汰公司的是时代而不是竞争者。成功的根本在于谁能打破有限理性的边界，实施新的营运范式以获得竞争优势。

新的营运范式未必要采用新的技术。新技术的采用和技术、社会、产业链的整体成熟度都相关，必须配套进行。新范式也可能是一种旧技术的重新组合。这涉及用不同的维度来看待竞争的再平衡。

破壁法则告诉我们，可以把自我确认平衡SCE看作产业竞争环境的一部分进行动态分析，思考如何打破边界。同时，这也是战略家的一种自我修养，用批判性思维来质疑现有的平衡状态。

从过程上看，我们首先要理解公司现有平衡态势的假设是什么？思考的维度是什么？能否破旧立新？其次，预测当下的技术、社会统计指标、经济和政策是否会发生变化？如果发生变化，哪些假设还会成立？哪些新维度更适合定义竞争空间？再次，现有的战略要素将如何重新组合？是否会出现新的关键要素？当然，打破平衡也不能忘记时间法则里所说的生存时间和战略机动问题。

破壁法则就是要提醒我们认清理性的有限性。无论是创业公司还是已经功成名就的大型企业，都可能会忽视同样的事实：每个人都在摸象。

[个人未来规划指南]

"投资即是投人"。人的重要性不言而喻。

除了领导力，风险投资人关注创业者的第二要素应该是打破自我确认平衡的能力。这要从风险投资的运营模式谈起。不同于商业投资，风投对那些能赚钱的普通生意并不感兴趣。基于其本质，风险投资人追逐的是高速增长的企业，是高风险水平下的超额资本回报。没有百倍回报很难弥补早期投资所冒的风险。只有打破现有格局，追逐颠覆性创新的企业家才可能创造这种机会。

对人的判断是连专业投资人都会犯错误的。不能用外在表象来代替内部实质。一般投资人喜欢投那些业界大牛、首席科学家、连续创业者或者大厂高管。认为这些人经过了筛选，风险低，但误判也往往因此而出现。

金沙江的朱啸虎曾经自述，错过张一鸣的主要原因是张的性格里没有那种外向和侵略性。朱啸虎当时不认为张一鸣具有在红海竞争中胜出的杀伐能力。沈南鹏也讲过在A轮错过字节跳动的主因。红杉经过认真调查发现太多的竞争对手要进入这一领域，因而放弃。

我们首先必须肯定红杉和金沙江作为专业机构判断人和事的专业性。导致误判的主要原因可能是他们对字节跳动为代表的未来趋势的不确定。杀伐果断是竞争所需的必要特质，但大趋势推动下的高维度竞争更需要打破自我确认平衡的能力。所以，如果能确认趋势（这当然着实不易），那是否有能力打破平衡获得适应性就成了决定性的选择标准。

字节跳动不是第一个做算法推荐的公司，之前已经死掉过一批。抖音也比快手做得晚。但我们以抖音和快手的不同为例，确实能够看到张一鸣在营运逻辑上打破了快手的认知平衡。快手最初以主播为核心，聚集头部主播不断为平台贡献流量。平台是以主播为导向的流量运营者。而抖音作为后来者并没有接受这一认知。抖音以算法推送内容为核心，利用受众对于碎片化内容的关注和沉迷，吸引更多的人提供内容。抖音平台是以受众为导向的流量创造者和分配者。这使得两者在内在逻辑和外在体验上完全不同，并促使抖音迅速崛起为第一大流量平台。两家看似提供相似产品的公司在本质上竟然大相径庭。

不单如此，当时众多的互联网媒体平台公司似乎都不具有实现张一鸣战略的基础。很难想象微信能打破社交圈层，单纯以算法推送为核心，创造和分配流量。当和固有经营模式相互冲突时，这些公司是无法采用新营运逻辑的。这也造成了其自身原有优势无用武之地。此外，旧有的组织结构也很难匹配新的战略。

这给了我们一个重要的提示：打破自我确认平衡的能力并非仅指创始人的思维方式，需要资源、组织和人，三位一体与未来大趋势的完美配合。仅凭借想法做不到打破平衡。反之，如果不是趋势性的机会，打破自我确认平衡是否还能在竞争中如此有效？这个问题值得我们进一步思考。

如果继续深挖，我们还会碰到这个问题：如何从内到外打破旧有平衡，抢先拿到适应性？这就引出了我们下面一个战略法则：长跳法则。

破壁法则是帮助我们判断人的又一件重要武器。

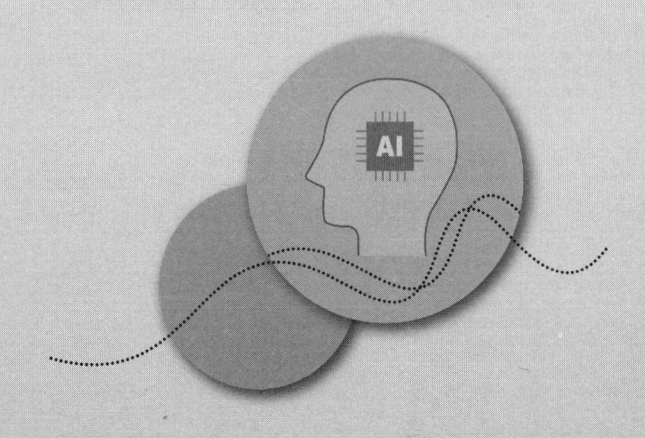

第18章
长跳法则

《埤雅·释鱼》有言,"俗说鱼跃龙门,过而为龙,唯鲤或然。"真正能实现颠覆式创新的企业少而又少。尤其是身处复杂与动荡环境中的创新型企业,只有进行长跳适应,才有机会。然而,成功长跳也是有一定条件的。

◌ 局部与长跳适应

为了更好地解释长跳法则，我们先回顾一下种群法则和复杂性法则在分析组织时的应用。一个种群生态模型中存在大量不同的组织形式。环境和种群内的匹配度是组织的生存前提。一方面，种群组织被动接受环境的选择；另一方面，种群组织对环境进行主动适应。这两种方式的结合是我们研究组织进化的基础。

根据Sewell Wright提出的概念，组织通过探索，以一种爬山的方式[1]达到最佳生存高度。这一局部适应理论解释了组织的多样性[2]。简单地说，企业的起点不同，且不同行业和细分市场面

---

[1] Holland J H: Adaption in Natural and Artificial Systems, University of Michigan Press 1975版。

[2] STINCHCOMBE A L: Social structure and organizations.Economics meets sociology in strategic management, Emerald Group Publishing Limited 2000年版。

对的适应度地形不同，有的平坦，有的崎岖。这使得企业会以不同的组织形式适应环境。最终，企业呈现出多样的组织形态和不同的命运。用专业术语定义，组织的多样性是由其成立之初的条件和所在空间的拓扑结构决定的。

根据NK模型，当复杂性较大时，组织面对的空间有多个可能的局部最优，且大多数局部最优都不是真正的全局最优。由于不同公司创立时的情况不同，他们所能达到的最终高度也就不同。因此，公司发展符合混沌系统的特性，最终结果对初始条件极为敏感。地形越复杂崎岖，组织的多样性就越丰富。当然，如果地形过于崎岖就会进入我们说过的复杂性灾难，也就是组织被困于局部最优解，不能进化到最佳竞争位置。

NK模型只是一个简化了的模型。企业运营的真实世界只会更复杂。长跳法则研究的是什么类型的创始人和组织更有可能达到全局最优。

Levinthal[1]对两种不同的组织演化方式进行了计算机模拟：局部适应和长跳适应。这两种方式代表了不同的创始人风格和组织模式。

①局部适应（local adaption）。类似一阶适应。首先，组织

---

[1] LEVINTHAL D A: "Adaptation on rugged landscapes", Management science, 1997年第42卷。

进行邻域探索[①]（neighborhood search）。每一步探索意味着每次只改变系统N个元素中一个元素的值。这样每个起点就有N个邻域。而后，组织将比较起点与邻域的高度。如果比起点高则前进，反之不动。这里并没有假设组织会选择最陡峭的路径，而是仅选择第一个发现的邻域坡度。

②长跳适应（long jump）。类似二阶适应。组织跳出邻域探索，直接进行大幅跳跃式改变。有两种实现跳跃的方法：一种是有计划的技术和组织创新，以适度的概率进行组织变革；另一种是由N个元素的随机变化产生的。

组织的总数量在模拟环境中保持不变。组织通过演化改变为不同的形态。如此，组织形式的数量会逐步减少。最后剩下最多的组织形式就是胜出的最优解。在模拟中，组织形式的改变使用两种策略：随机和复制。随机指新组织的特性是随机产生的，和现有组织不同。复制指组织的特性会模仿现有更成功的组织。如果现存组织运行不理想，那么复制将减少。

这两种不同模式可以通过遗传负荷（genetic load）的概念进行量化描述。遗传负荷本来的定义是生物群体中，由于有害等位基因的存在而带来的群体适应度下降。于1950年由美国遗传学家H.J.马勒提出。

[①] MARCH J G: "Footnotes to organizational change", Administrative science quarterly, 1981年。

遗传负荷可用下式表示，其中所谓适应度是指生物能生存并把它们的基因传给后代的相对能力：

遗传负荷 = 最适基因型的适应度 – 群体的平均适应度 ÷ 最适基因型的适应度

我们把最适基因型的适应度定为1，那么就可简单地写作：

遗传负荷 = 1 – 群体的平均适应度

因此，群体遗传负荷的值域在0~1之间变动。当群体适应度很低，遗传负荷趋向于1；反之，群体适应度高，遗传负荷趋向0。由于模拟中总的组织数量不变，随机新组织形式出现的概率等于遗传负荷，而复制新组织形式发生的概率是1–遗传负荷。也就是说，复制使群体趋向于较高的平均适应度；但当平均适应度很低时，会发生随机变异。

◯ 善于长跳的创新企业

模拟过程中，研究者首先设定初始的适应度景观和种群组织。在NK模型中，假设一个种群存在100个组织，为他们的N维元素随机选择值（0或1），并设定复杂度K。一旦赋值完成保持不变，这样我们就有了固定的适应度景观地图。在模拟开始时，这构成了整个种群进化的起始点。而后反复沿时间轴进行模拟。步骤如下：

①判断符合较高进化适应度的组织形式。

②组织进行局部适应或长跳适应，发现更高适应度，成为新的组织形式。

③幸存的新组织取代消亡组织的组织形式。

模拟实验在不同的环境状态下进行，结果既反映了环境对组织的选择，也反映了组织对环境的适应。即使在没有任何适应行为的实验中（无邻域和长跳探索），环境的选择也会造成组织数量的下降。我们来看看模拟实验的结果。

在稳定环境的模拟中，不会做任何前提条件的改动。

①如果采用局部适应方式，组织形式的数量随时间急剧下降，其下降幅度和复杂性K有关。K越小，下降的幅度越大。邻域组织通过复制往往采取相同的组织形式。局部地区较高值的适应度形成了吸引力盆地，吸引附近组织的模仿。适应度值越高，吸引力范围也越大。这和对手模仿领先者的情况相符。

②如果采用长跳适应方式，组织形式的数量在初期呈现上升趋势，而后下降并趋于稳定。这种趋势与行业发展的实际相吻合。一个行业处于摸索阶段，往往会出现大量各种不同的组织形式，情境类似寒武纪的生命大爆发。这里我们介绍一个生物学概念：形式辐射（radiation of forms），一般用来指生态系统中多样性的爆发期。长跳适应会导致种群内的组织出现形式辐射。

在动荡环境的模拟中，会重新指定适应度景观，但改变不会影响复杂度K的取值。

①剧烈变化会影响环境对种群的选择和组织对环境的适应，以及两者之间的作用。尽管环境变化对组织适应性的直接影响与K无关，但组织幸存下来的可能性对K非常敏感。实验表明，K越低，组织适应度景观的相关性越高，越适合局部适应。反之，K越高，相关性就越低，就越适合于长跳适应。简单解释一下，相关度高就是比较平滑，局部探索的时候一直往上走的可能性大；相关度低就是崎岖，可能这一步向上，下一步就向下了。

②相对于局部适应，长跳更容易产生噪音（误差）。这个噪音与长跳的搜索过程有关。距离组织的现实情况越远，探索未来组织最佳适应度的过程中误差就越大。误差越大，局部峰值local peak附近的组织形式就越多样；但K的增加能减少这种现象。实验表明，在高噪音（误差）下，K的增加反而增加了组织的生存率。

我们来简单解释一下模拟实验的结论。

第一，短期来看，组织的长跳适应结果可能不如局部适应。成本高风险大，没有现有资源优势的依靠，会出现一个必然的摸索过程。

第二，长期来说，如果环境动荡复杂，采取长跳适应组织的生存率反而提高了。这尤其符合那些以创新为生存基础的初创企业，它们具有颠覆的力量。

因此，只有在环境适合的条件下，那些有意愿，同时有能力进行长跳适应的公司，才有机会达到全局最优解。记得以前看过一个段子。有人说如果聘用一帮顶级科学家去开发一个极具挑战、风险与回报的项目，肯定可以融到一大笔钱。今天我们也确实能看到类似的投资项目。但是这并不能简单看作长跳法则的应用。对于长跳，有几个条件缺一不可。

①环境动荡变化，复杂度升高。
②原有的行业领导者无法放弃原有收入，不能迅速改变。
③公司具备足够的资源和组织架构支撑。
④有善于长跳适应的创始人。

这些条件也可以作为我们筛选被投企业的参考。

[个人未来规划指南]

> 长跳法则是帮助我们判断人的第三种武器。
> 如果说，破壁法则强调的是打破自我认知平衡，发现不同的市场逻辑；那么长跳法则强调的就是实现打破平衡的条

件和方法。

进行长跳适应，首先要看整体环境是否发生剧烈变化，复杂性升高。如果没有趋势推动，长跳适应未必是好的选择。我们前面提到过，如果进行大的战略方向调整，务必谨慎。一个人除非遇到极为特殊的情况，不应该换到完全不同的赛道上来。组织也是如此。

其次要保证组织结构内部联系紧密，合作效率高；也就是整合化或适度模块化。一旦长跳就能全力以赴。个人发展也是同样的道理。这里的紧密并不是指那些在战略要素上强依赖的企业。恰恰相反，所谓不同业务单元一荣俱荣一损俱损，反而会阻碍整体组织实现变革。

最后，长跳适应必须有足够的资源保障。这是因为长跳意味着现有资源对于目标的实现没有太多帮助，往往需要额外的资源。"行百里者半九十"，很多创新的失败并不一定是因为方向错误，而是没有得到足够的条件支持。

那些能把握趋势，整合资源，具有强大领导力的创始人非常适合长跳探索。

2004年，早年的IT业知名记者李学凌从网易离开，先后创办了狗狗网和多玩网。狗狗网最早是做信息聚合RSS的，后来被李学凌放弃了。多玩网上的内容主要是网络游戏、单机游戏，电视游戏的最新资讯，为访问者提供游戏相关的服务。李学凌善于判断趋势和风口的变化。据说他曾多次改变公司的整体战略方向。2008年多玩网获得了近1000万美元的投资，年收入达到2000万元。史玉柱的巨人网络曾打算以5000万美元收购，被李拒绝。到了2010年，多玩网内部孵化出YY语音。据说腾讯有意以1.5亿美元全资收购，并开价将50%股份在后续返还给李。那时多玩网年亏损高达2.39亿元。面对优厚条件，经过痛苦思索之后，李学凌再次拒绝了收购，全力投入YY，并说出了那句经典的话，"兄弟们给我冲，这就是我们的奶与蜜之地。"最终，2012年多玩网改名欢聚时代成功上市。而彼时的欢聚时代作为秀场和游戏直播平台，注册用户已经达到4.005亿人，月活跃用户数6610万，是国内用户数量排名前五的互联网公司。李学凌背后的雷军为其提供了资源支持，功不可没。2020年4月，李学凌将旗下虎牙出售给腾讯。到了10月份，他又将YY直播的国内业务以36亿美元卖给百度，将战略发展的重点放在音视频海外社交平台BIGO上。不难看出，正是成功的长跳适应使李学凌把公司带到了前所未有的高度。

那么，大公司是不是就没有机会进行长跳适应了呢？并非如此。

复印机制造商施乐的帕洛阿尔托研究中心完成过一系列创新，包括激光打印、基于对象的编程以及全球首个图形用户界面。界面带有弹出式菜单、视窗和点击控制功能。这种界面为微软和苹果等公司后来的产品和技术奠定了重要的基础。而搜索引擎巨头谷歌公司内部最核心的前沿技术实验室X Lab鼓励各种荒唐想法，并且给予支持，比如太空电梯、热气球网络、海水燃料等等。虽然很多项目无疾而终，但也出现了类似Waymo无人驾驶汽车这类明星项目。大公司资源丰富，现金充沛，有足够的实力去追逐更高的目标。

还有一类公司，比如字节、腾讯和阿里。经常会利用自身优势对创新公司进行并购和模仿。虽然未必能完美整合进自己的业务创造持续增长，也算是另一种类型的长跳适应了。因此，尽管大公司常常由于利益冲突，很难实现颠覆性创新，但仍有机会利用长跳适应在一定时期内维持其优势。

选择跟随具备长跳适应能力的创始人和公司是最好的个人发展策略。创始人的意愿、能力、组织匹配和资源支持缺一不可。但对培养个人能力来说，长跳通常不是好的选择。长期而持续地在一个方向上积累优势资源才是合理的。

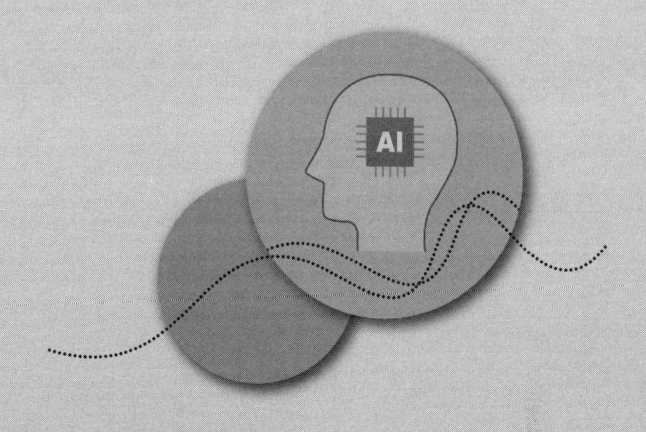

第19章
换马法则

"千里马常有,而伯乐不常有。"优秀的组织和领导人能根据企业发展的不同阶段去寻找不同类型的高管进行适配。人对了,组织和策略才有可能适应环境。一成不变的团队是不存在的。这是因为资源可塑性和策略的来源是时间的函数。

一个互联网的案例

换马法则来自对一个案例分析的思考。Gavetti 和 Rivkin[①] 为了研究创业公司的策略发展，对互联网公司 Lycos 进行了分析，并做了大量的实地访谈。

Lycos[②] 是最早的搜索引擎之一，诞生于 1994 年 7 月 20 日。由 Michael Mauldin 博士和卡内基梅隆大学的一组研究人员开发。Lycos 的名字来源于狼蛛的拉丁文名，形容它就像一个猎手，在网上不断追踪着信息。首次推出时，Lycos 的目录中包含 54000 份文档。不到一个月，它的爬虫在索引中记录了超过 390000 份文档。1995 年初，Lycos 已经索引了 150 万份文档。而到了 1996 年

[①] GAVETTI G, RIVKIN J W: "On the origin of strategy: Action and cognition over time", Organization Science, 2007 年第 18 卷.

[②] LYCOS: 参考资料 https://baike.baidu.com/item/LYCOS/7144915?fr=aladdin

底，这一数字已迅速超过6000万份，成为当时最大的搜索引擎。

开发Lycos搜索引擎后不久，卡内基梅隆大学将该技术授权给了一家由Mauldin博士创立并由卡内基梅隆大学和风险投资公司CMGI共同支持的新公司。时任CEO的Bob Davis致力于将Lycos建设成一个以广告作为主要收入来源的门户网站。1996年公司成功上市。1998年，Lycos收购了个人网站空间服务商Tripod，搜索和电子邮件服务提供商Who Where，以及HotBot搜索引擎的所有者Wired Digital，成为多品牌运营的门户网站，提供聊天服务、个人主页、星座运势和其他非核心功能。结果Lycos作为搜索工具的知名度下降。1999年12月，Lycos投资FAST搜索技术。很快，FAST开始为Lycos高级搜索结果提供支持。到了2001年秋天，Lycos放弃了自己的爬虫。

2000年5月，正值互联网泡沫的顶峰，西班牙和葡萄牙语全球互联网接入的主要供应商Terra Networks, S.A.同意以价值125亿美元的股票收购Lycos。合并后的公司更名为Terra Lycos。2002年以后Lycos逐渐衰落，它在搜索引擎市场和门户网站上的地位分别被Google和Yahoo取代。2004年8月2日，Lycos被以0.954亿美元的价格出售。研究者主要的访谈集中于2001年，对象包括了公司主要决策人中的11人。

Lycos早期的策略方向比较混乱，仅依靠卡内基梅隆大学的技术。运营方面，公司非常符合初创企业的特征：人员从业经验不足，组织架构经常变动，基本不存在商业计划。在面对雅虎和AOL的竞争时，Lycos更多地采用了区隔对手的差异化策略，如：

低成本并购Tripod等公司。
采用多品牌策略。
重点发展类似Google的搜索引擎技术。
利用2B策略来规避大型门户网站的2C策略。
在进入世界市场方面，Lycos也以放弃控制权为代价，区隔雅虎的做法。迅速拓展，以期不被对手甩下。

通过大量并购和整合，Lycos甚至曾短暂地超过了雅虎。Lycos在早期刻意采用差异化策略，以搜索技术为核心，规避了定位为媒体的雅虎的正面竞争。同时，由于首席执行官Davis的个人风格，早期维持了低人力成本的策略。

1997年，Lycos公司决定大举扩张。由于上市后受到华尔街的影响，公司开始从技术公司的定位向技术媒体偏移。随着更多高层管理者的加入，他们也把自己过去的经验带入了Lycos的公司策略中（case-based reasoning），直到公司被并购。

可以看出，Lycos在不同的发展阶段，公司资源要素和策略产生机制都发生了改变。从早期单纯的技术资源，到后期大量的并购资源；从早期创始人的影响到后期各类背景高管加入带来的影响。

策略是时间的函数

Lycos案例能给我们什么样的启发呢？Gavetti和Rivkin的研究得出了一些有价值的发现。

发现一：公司的策略来源依据行业发展阶段的不同而变化。对于行业早期的初创企业，探索（包含邻域探索和长跳探索）是唯一有效的策略来源。这也是为什么很多创新企业是外行人做起来的。不依赖类比也是马斯克第一性原理的核心。而后，管理者的个人经验（case-based reasoning）开始影响策略的形成。随着行业的进一步成熟，演绎deduction逐步开始在策略管理中扮演更多的角色。演绎是说，战略会更多依赖经验的类比和推断。这个很好理解。不同发展阶段，人们对行业的认知程度是不一样的，策略来源也不一样。

发现二：对于新兴行业的初创企业，要保持战略资源的高可塑性和宽探索。宽探索意味着更多不同的假设和尝试。假如创立之初企业能直接获得有效的资源，辅助更富弹性的战略设计，其死亡率会更低。随着公司的发展，资源的可塑性降低，战略演绎变得更为重要。

发现三：现有公司进入新行业更倾向于使用现有资源，偏重战略演绎。但如果能加强资源可塑性，使战略弹性化，公司死亡率会更低。

发现四：进入成熟行业的初创公司应该保持战略资源的高可塑性，并更倾向于战略演绎。战略演绎可以降低公司死亡率，但这也抵消了作为新进入者的其他优势。

从研究结果，我们可以清楚地看到：资源可塑性和策略的来源是时间的函数。

行业早期，公司没有什么固定模式，基本上依靠创始人保持探索和动态资源管理。随着行业的成熟，资源可塑性降低，战略形成模式趋向于演绎和设计。此时，外部引入的高级管理人员的背景、经验，甚至是偏见都会被带入。

战略风格何时需要转换？如何转换？这是创始人需要认真研判的，其认知决定了公司的战略目标和方向的改变。知人善任是成功转换的核心要素。与公司对外收购类似，作为双刃剑，创始人不能低估合伙人和高管对策略的正负面影响。这方面Lycos是个失败的例子，进行了不太成功的战略转型。

一方面，高管自身的思维、资源和操盘能力是规划和实现目标的保证。公司的目标与现实的差距越大，越需要管理者有更多的资源可调配。公司依据不同的阶段性目标进行高管调整时，需要认真评估其资源的有效性和匹配性。因为每个公司都有自己成长的路径依赖。如果资源不匹配，不但不能实现策略目标，还有可能走偏。我推测，欧美公司里华裔高级经理少于印度裔的原因在于华裔调配各类资源的能力偏弱。这可能和文化差异有关。

另一方面,高管很贵。关键人物带来的策略变动成本、人员变动成本、机会成本和时间成本都很高。这非常类似投资,要清楚其中的收益和风险。

总之,创始人在用人这件事上决不能假手于人,决不能放松对人事权的控制。

[个人未来规划指南]

诸葛亮说,"见贤若不及,从谏如顺流。"不善于用人的企业家不可能成功。换马法则是帮助我们判断人的第四种武器。

雷军说,创业初期,自己80%的时间用来寻找合适的人。企业往往在初创或遇到某一发展瓶颈时,最需要外部人才的帮助。可见人才对于企业的重要性。同理,个人发展一样要借助外部的力量。提升自己,更要关注优秀的人。这些人不但能力出众,更愿意提携后辈。

对于个人发展,了解行业和企业的发展,跟对领导做对事,大有裨益。人应当清楚自身的优势、定位和发展方向。在正确的时间,进入正确的平台,做正确的事,以累积能力和相应资源与口碑。为每一家企业服务都应该有清晰的目标。

我们以干嘉伟为例。根据公开信息，2000年干嘉伟从国企中石油跳槽到初创的阿里巴巴，从一线业务员做起，历任市场总监、区域经理、大区总经理、销售副总裁。据说，马云用"借假修真"的观点启发了干嘉伟，使他通过招募和制度设计带出了无数的小干嘉伟。作为"中供铁军"第一代，干嘉伟被业界认为是最懂互联网商业扩张，最懂团队作战的运营之才。2011年，王兴六下杭州，邀请离开阿里的干嘉伟加入美团担任COO，成就了新时代"三顾茅庐"的美谈。之后，干嘉伟凭借打造的强大地推队伍，让美团在"千团大战"中杀出一条血路，并最终成为生活服务电子商务平台的王者。作为扩张和运营高手，他接受张磊的邀请，离开美团，出任高瓴资本运营合伙人，并赋能给多家被投资企业。个人也做了很多私募股权投资。

至此，阿干完成了一个小业务员所能希冀的所有成就。20年互联网创业与投资的蓬勃发展给了他机会。对于干嘉伟的成功，时代和行业的选择是决定性因素。如果当时选择的是一个传统行业，那么就算凭借他的聪明才智和勤奋刻苦也是无法取得今日的成绩的。阿里给了干嘉伟机会成长并累积了足够的资源和口碑，完成了最初的个人资本积累。但此时，他成功的可复制性仍不确定。而加入美团后的一战成名，奠定了他江湖大佬的地位。美团是阿干树立业界地位的关键。到了高瓴阶段就剩下变现了。

总之，无论是企业在不同阶段招募所需的人才，还是个人依据发展目标进入不同的组织，更换学习的对象；换马法则要讲的就是人和事，以及他们之间的互动关系。

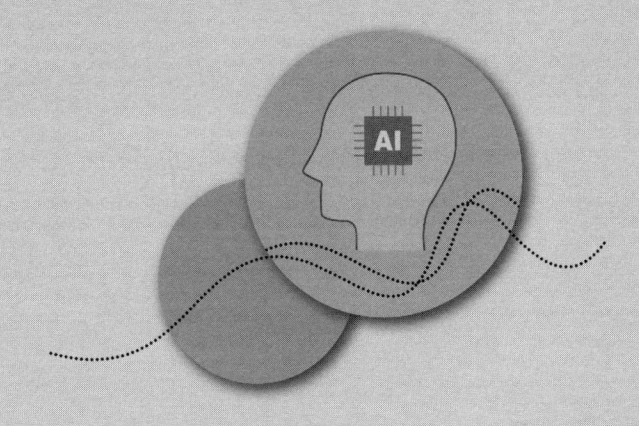

第20章
容错法则

成功的起点应是一连串的失败。如果你没有失败,证明你没有足够的创新。容忍失败是优秀的组织和领导人的必需选项。但同时,也要控制好失败的风险。如果失败经历一次就导致爬不起来了,那便不应该冒这种风险。

稳定性决定死亡率

投资界之外的人常常会好奇这样一些问题：

风险投资家们如何发现那些早期的，具有巨大成长潜力的企业？

VC采集和分析行业赛道中的哪些数据，才能找到那些有潜力的公司？

除了传统的尽调，里程碑事件等，他们有没有更好的控制风险的方法？

揭开VC神秘的面纱，现实告诉我们，风险投资家们经常抱团投资，互相抬轿子。那些抢着投的企业，如果退出得恰到好处，可以赚钱，但真不一定是多好的企业。这里的原因是什么呢？

Levinthal 和 Posen[1]认为选择行为 selection 在种群生态学中所发挥的优胜劣汰作用并不明显，而且经常发生错误，尤其是对于那些处于变化中的企业经常误判。有长期看很一般的公司被留下，也有长期看很有发展前景的公司被淘汰。这非常符合我们对新兴行业中，初创企业和一众VC们行为的描述。这很可能是基于以下一些原因。

原因一，VC的投资选择行为不依据稳定的，有差异性的企业策略；而是基于一系列短期的，多维度的指标，比如：生产率、专利、新产品研发、产品性价比、市场份额、营业额和利润等。

原因二，选择行为是短视的，因为长期策略很难预判。这种事情无论在产品市场还是资本市场都很常见。组织的迟滞性会延迟失败的时间，因此短视成为必然。

原因三，路径依赖可能影响选择行为，某个时间点的结果是一系列之前选择的结果造成的。因此，选择不能客观反映长期性。

这样的描述并不是说VC们做得不对，只是反映了一些投资行业自身的特点。

Levinthal 和 Posen 认为，选择行为具有系统的、内生的易错性。这造成了次优选择会占据主导。如果这个结论为真，那

---

[1] LEVINTHAL D, POSEN H E: "Myopia of selection: Does organizational adaptation limit the efficacy of population selection?", Administrative science quarterly, 2007年第52卷。

么我们的投资人即便基于数据审慎地进行了尽职调查，最后也可能会投到一家稳定但平庸的公司。所以，抱团取暖，及时撤退就成了非常合理的选择。这个问题产生的关键词是稳定性reliability，因为选择行为的核心很可能是短期的稳定性，而评估选择行为的标准是长期的优异性。

Levinthal和Posen提出了这样一个假说：选择行为的有效性是组织变革过程本身的函数。通俗地说，组织变革的长期适应性（以公司能否达到全局最优为代表）决定了选择行为的效力。适应性高，选择才有效；反之，选择就是无效的。适应性稳定和追求稳定性是完全不同的。变革的适应性决定了公司能否成功，而稳定性决定了公司的死亡率。

组织变革是这个假说的核心。变革总是有风险的。无论是变革的内容，还是变革的过程，变革既可能会提升公司的长期表现，也可能会增加公司短期的死亡率。

我们先来看看变革所面临的风险。

①组织变革的内容风险：在有限理性下，企业很难准确评估变革方案带来的影响（见本章即时评估的概念），尤其是长跳探索的影响更难以估计。

②组织变革的过程风险：变革中核心组织要素的连锁反应。核心组织要素决定了组织的基本架构和特征，它们相互影响，牵一发动全身；而非核心要素往往影响较小。

③变革的内容风险和过程风险经常交织在一起。核心组织要素的变革形成了连锁反应，并引发不稳定性（在NK模型中，这表示为复杂性），从而造成了对长期表现的错误预判。举个例子，如果公司的销售部门进行业务转型，进入短视频领域，通过抖音平台进行直播带货。这时不但需要对新业务投入大量资源，还需要对原有业务部门和渠道进行组织调整，并涉及供应链的改变。这时会同时涉及内容和过程风险。

○ 容错与风险控制

我们来看看Levinthal和Posen的计算机模拟实验。

首先，研究者提出了两个分类假设。

第一个分类假设：将公司对变革结果的评估分为即时评估（on-line）和非即时评估（off-line）。即时评估，又被称为盲眼探索，是指除非公司已进行该探索，否则无法得知结果。这是一个很形象的比喻，蒙着眼睛探索。没有摸到之前是不可能知道摸的是啥的。当然，如果探索的结果不如之前的状态，将退回原状态。非即时评估（非盲眼探索）是指公司可以事先评估结果，只采用优于原状态的探索方向。这里的盲眼探索可以理解为长跳适应（或探索exploration），而非盲眼探索可以理解为邻域适应（或利用exploitation）。

第二个分类假设：将公司资源分配的决策方式结合组织架构进行分类。一种是公司以整体来决定探索的资源分配和方向。另外一种是公司各部门分别来决定；部门分别决定的方式又可分为两种：一种是平行式，各个部门同时决策资源分配；另一种是序贯式，也就是一个部门先探索并评估后，另一个部门再进行。

我们把两种假设分类组合到一起就产生了不同的探索策略。每种探索策略都有不同的稳定性。比如，非盲眼探索的稳定性要高于盲眼探索。序贯策略的稳定性要高于平行策略，因为逐步进行决策的风险肯定要低于同时进行。研究者进行一系列实验的目的是看不同探索方式的适应性高低。

①基准策略 baseline strategy：盲眼探索＋整体探索

②整合策略 integrated strategy：非盲眼探索＋整体探索

③平行策略 parallel strategy：非盲眼探索＋平行式探索

④序贯策略 sequential strategy：非盲眼探索＋序贯式探索

实验（一）中，Levinthal 和 Posen 在三个方向上对不同探索策略进行了适应性模拟。

①时间周期平均表现。反映不同探索策略在时间轴上的表现差异。基准策略和序贯策略所达到的适应性高度在初期明显低于其他策略。

	进化方式	
	盲眼探索 On-line	非盲眼探索 Off-line
整体探索	基准策略	整合策略
分部门探索		平行策略 / 平行探索
		序贯策略 / 序贯探索

图8 不同的探索策略

②横截面多变性。反映了种群内采用同一探索策略的公司的适应性偏差。即，不同公司采用同一策略，但结果表现不同的程度。基准策略和序贯策略偏差明显较大；而偏差越大，稳定性越低。

③跨期短波可靠性。反映较短间隔的前后两期适应性表现的相关性。可靠性越高，越可以预测短期表现。该值降低，说明适应性表现在降低的同时横截面上多变性反而上升了（各种公司的适应性偏差较大）。基准策略在初期可靠性大幅降低，这很可能是由于盲眼探索导致的。

通过模拟，我们看到，最终不同探索策略都达到了近似高度的适应性，但基准策略和序贯策略及其他策略在过程中的表现有明显不同，前期的表现都不是很好。

实验（二）通过区分弱选择（在100期模拟中淘汰种群50%的公司）和强选择（在100期模拟中淘汰种群95%的公司），分别进行了适应性改进（fitness improvement）模拟。结果发现，长期来看，采用整合策略的公司优于平行策略的公司，更优于基准策略。短期看，序贯策略有大幅改进，但长期则表现不佳（低于基准策略）。这可能是因为序贯策略的决策前后顺序性仅降低了初期的风险。

此外，实验还计算了不同探索策略下，选择行为的错误率。也就是将平庸的公司留下，淘汰未来可能优秀公司的概率。我们看到整合策略的错误率最低，其次是平行策略、基准策略，而序贯策略的错误率最高。

在评估数据多大程度上能预测未来时（跨期长波可靠性），我们看到整合策略和平行策略的表现更好。

实验（三）对比了采用历史数据而非即时数据，以及不同的数据选择方式对预判错误率的影响。不同的选择方式包括：①连续；②离散（每15期计算一次）。相对于采用即时数据，采用历史数据的大部分探索策略的预判性都更低，错误更多。而连续选择比离散方式能更好地进行预判。这里比较反直觉的发现是，使用历史数据可能意味着要使用更多的数据，而更多数据反而增加错误率，造成误判。简单地说，相对于即时数据历史数据效果不大。这对于投资人是一个重要的提示。

实验（四）评估了采用其他策略的公司与采用基准策略的公司的竞争结果。不出意外，采用整合探索策略和平行策略的公司胜率更高。

模拟实验显示：选择行为能预判稳定性和生存率，但因固有的短视问题，不能作为评估长期价值的基础。那些在探索中找到的结果体现出极高稳定性的策略（整合策略），比追求高稳定性探索的策略（序贯策略）更优，更能反映对长期结果的预判。这里，公司能否主动控制好适应性变革是关键，因为它既可以提高生存率，又可以提高策略稳定性。

这给我们带来了下列几点启示：

①在早期的新兴科技领域进行投资决策时，放宽选择标准（不追求稳定性），可能会获得不错的投资业绩。

②对于新兴科技行业中非领先的企业而言，投资人应该关注那些追求长期价值，并采用更冒险探索策略（盲眼探索）的公司。对整体行业预判不利的策略，可能对预判个别企业是有利的。

③对采用整合策略和平行策略进行探索的公司使用尽调和里程碑事件等手段，能有效地控制风险；而对于采用基准策略进行盲眼探索的公司，这些手段是无效的。

④减少对历史数据的依赖，而更多地关注及时、连续的经营数据，可以减少判断失误。

⑤那些短期数据好看，但平庸而稳定的公司不能带来长期的高额回报。

随着行业发展的阶段不同，公司的探索策略会发生改变。但我们最关注的是那些具有高速增长机会的新兴行业。此类行业中的大多数初创企业可能采取的是盲眼探索为主的基准策略。因此，尽调等手段未必能抹去对应的风险。

容错法则告诉我们，容忍探索中的错误是必需的，尤其是对采用较为冒险的长跳适应策略的公司。同时，对探索和变革过程的风险控制和管理也是必需的，要在长跳中尽量保持稳定性，通过管理降低变革的内容和过程风险。容错可不是简单地容忍误差。

读到这里，相信你对本章开头的问题也会有自己的答案了。

[个人未来规划指南]

任何变革都可能发生误差。误差带来的非稳定性可能会带来极为严重的后果，但是创始人必须能容忍这种错误的发生。在控制好风险的情况下，不断犯新的、不可避免的错误，从错误中学习并找到新的方向。没有这种能力是做不好企业的。创办企业、寻找投资项目或发展个人职业目标，就是要成为或者挖掘具有这种犯错能力的企业家。

我们来看看埃隆·马斯克的经历。

1995年，时年24岁的马斯克和他的兄弟Kimbal创立了他们的第一家公司Zip2。一些陈词滥调的描述通常是马斯克和他的兄弟如何励精图治，艰苦奋斗，睡着办公室，去附近的基督教青年会（YMCA）洗澡，并获得了成功。然而，当机构进入Zip2时，马斯克根本没有被投资人高看。他希望成为CEO的愿望落空，只被任命为公司的首席技术官，而且无法控制公司的愿景，最终还被剥夺了董事会主席的角色。根据传记作者Vance的书，马斯克在20世纪90年代的领导风格是熬夜，重写团队的代码，并认为手下人都是无能之辈。他是一个典型的技术直男。直到后来，他才逐渐明白公开斥责员工可能会降低他们的工作效率，可能造成心理伤害。正是在Zip2的经历，让马斯克意识到管理意味着你必须与他人合作。1999年Zip2被康柏以3.07亿美元收购，马斯克获得了2200万美元。

十多年后，马斯克在特斯拉和SpaceX两家公司获得了巨大的成功。在一次采访时，他说："NASA有一个愚蠢的想法。他们不能失败。""失败对我们来说是一种选择。如果事情没有失败，那就证明你没有进行足够的创新。"马斯克的职业生涯充分证明了成功的起步就是一连串的失败。SpaceX从2015年1月开始，花了16个月的时间尝试火箭回收。直到2016年4月8日，该公司才成功完成了第一次。而紧接着的6月份就是连续四次火箭爆炸。马斯克不断在失败中学习进步。

而特斯拉也曾经多次延迟交付汽车。Model X最初预计于2013年开始交付，但第一批汽车直到2015年底才发货。这是由一系列技术问题引起的，包括电池续航里程、鹰翼门等。2017年，特斯拉声明在年底前交付5000台Model 3，并已开始接受预订。但特斯拉在2017年第三季度的实际产量只有260辆。当时，马斯克遇到了他所说的"生产地狱"，情况非常糟糕。以至于他不得不在工厂的屋顶上露营过夜，以缅怀在Zip2的日子激励自己。如今，特斯拉超级工厂的产能已经有目共睹。甚至有预测，特斯拉的全球汽车年度出货量将达到千万台。

敢于犯错，且能在发现错误后及时调整战略部署，完成长跳是其成功的关键。

因此，凡事不敢创新，害怕出错的人很难成功。而那些总是犯同样错误，或低级错误的人也是不能选择的。

容错法则是帮助我们判断人的第五种武器。

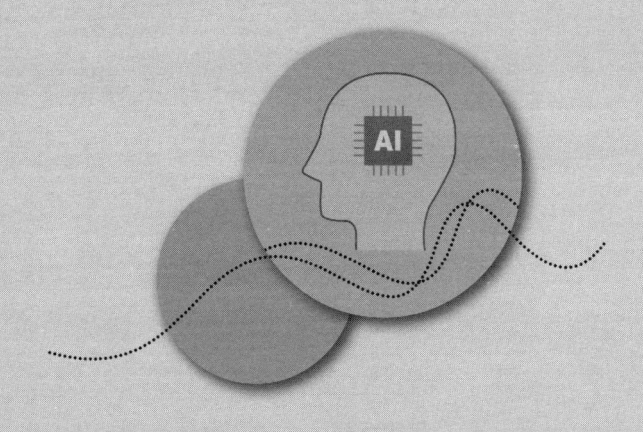

第21章
权变法则

　　本书中的战略法则从来不是一成不变的。任何法则都有一定的前提假设。不清楚运用法则的限制条件，拘泥于一成不变的模式而盲目套用是最不可取的。工具越多样化，我们的思维就越灵活。假设越明确，我们的思维就越清晰。

唯一不变的是变

战略最忌讳不谙变通。这让我想起了那个关于拿破仑的笑话。

一个瑞典人因为仰慕拿破仑而成为了他的士兵,却苦于不懂法语而深深焦虑。在阅兵前,他依据战友的建议按顺序背下了这位皇帝惯常问的三个问题的答案。"你多大了?""你加入部队多久了?""你是否参加了我最近指挥的两次战役?"没想到,皇帝陛下心血来潮改变了问题的顺序。事情便有了一个戏剧性的结果。"你加入部队多久了?""23(年),陛下。"很明显,拿破仑无法相信这样一个答案。"那你多大了?""3(岁),陛下。"这个回答让皇帝恼羞成怒。"是你疯了,还是我疯了?""是的,全部,陛下。"

当我们依据标准答案,而不是真正的理解来指导战略的时候,往往会造成类似的错误结果。

比如，我们曾多次探讨过的局部适应和长跳适应。局部适应就是利用（exploitation），用以提高效率；而长跳适应就是探索（exploration），用以寻找全局最优解。探索和利用的问题在战略管理中存在已久。传统观念认为，探索有助于公司的长期发展，而利用有利于公司的短期业绩，应该在不同阶段按需采用。但Fang和Levinthal[1]通过NK模型模拟发现，问题远没有那么简单。

为了说明这个发现，我们先换个角度来定义探索和利用。

理性决策的基础是对客观世界的正确表述（representation）和抽象（abstraction）。如果对问题的表述和抽象不正确，那解决方案显然也不会起作用，尤其是对于多阶段决策的问题。这是因为在经营过程中，问题的表述需要常常改变。问题不对，答案肯定错误。探索可以看作对问题表述的修正，而利用是对问题的回答。

大家都玩过魔方。拼出魔方一面的某些步骤对于拼出全部六个面可能是错误的。和拼魔方类似，当我们把经营看作一个多阶段过程时，完成阶段目标未必能实现整体目标。Fang和Levinthal提出了这样一个假说，设立短期目标并据此进行长期判断是无效且有害的。即便不依赖于对问题表述的修正，探索仍然要优于利用。我们来看这个假说是如何体现在公司运营中的。

---

[1] FANG C, LEVINTHAL D: "Near-term liability of exploitation: Exploration and exploitation in multistage problems", Organization Science, 2009年第20卷。

企业经营中涉及两类时间线。一条时间线是大量试错和淘汰，比如药品的研发中，大约6000个化学合成物只有一个能上市，而这1/6000中也只有10%~20%能达到量产。另一条时间线是过程管理，比如在一个化合物的中间测试中有许多环节。我们在容错法则中也提到过对变革过程风险的控制。当这两条时间线结合在一起，就产生了一个强化学习（reinforcement learning）的贡献分配问题credit assignment。我们难以知道局部对整体到底做出了多大的贡献，难以量化。

尽管人工智能发展到今日，Deep Mind公司的AlphaGo已经能够进行很复杂的自我学习和计算，但在一个更复杂的开放世界里，我们仍然无法准确评估某单一步骤的长期合理性，不知道完成短期目标是否对长期目标有利。因此，需要在多阶段过程里持续完善问题表述以确认是否走在正确的道路上。

◌ 模拟实验的启发

Fang和Levinthal的计算机模拟实验采用了Q learning算法，通过$Q_{(s,a)}$的价值value来定义智能体的信念和对问题现状的表述。模拟实验中的智能体有一张在某一初始状态s下采取行动a可获得的Q值列表，$Q_{(s,a)}$的初始值被设定为0。

怎么理解呢？Q值的高低意味着公司经营中的适应度或市场

地位的高低。s代表状态，a代表行动。也就是说，公司从最初的状态s_0起步，采取不同的行动，不断进行局域探索。智能体模拟公司沿着战略景观地形进行爬升，并依时间变量不断更新$Q_{(s,a)}$的状态。这象征着企业经营者不断更新问题表述和对未来的预测，逐步向更高的位置攀爬。

模拟实验设计了2个吸引子，一个较低一个较高。只有达到这两个吸引子之一，才显示实验最后的结果payoff。采用高利用exploitation策略的智能体选择最大的Q值。这意味着公司更关注短期业绩。而采用探索利用均衡策略的智能体则不那么激进，Q值够好就可，并更多考虑下一阶段的Q值。这意味着公司更关注长期的目标。

这里引入了一种选择算法：玻尔兹曼探索算法。通过设置τ来区分探索和利用两种不同的选择策略。其中τ值越低，智能体越倾向于选择高Q值；而τ值越高，智能体越不会对高Q值敏感。在开始阶段，τ值被设定为20，随着学习阶段的结束，高利用策略智能体的τ值会降低到0.1，而采用探索利用均衡策略的智能体的τ值维持在20。也就是说，采用探索策略的企业会用较长的学习阶段进行探索；采用高利用策略的企业则早早结束了探索阶段，转而以短期结果为导向。

模拟实验的结果显示：

①早期的失败率非常高，智能体经常进入低峰值吸引子。

只有在经过比较长的学习阶段才能到达分水岭，从而更大概率进入高峰值吸引子。这是企业初期对经营状况等问题表述不完善的结果。随着对问题的表述越来越清晰，失败率走低。

②探索策略在早期有更好的表现，在后期利用策略超出了探索策略。

③智能体选择的开始点不同不能解释全部差异。即使消除这个因素，高探索策略仍然比高利用策有更好的表现。探索策略在早期就有很大概率找到更优吸引子。

我们都知道企业的经营结果对其创业的初始位置非常敏感。这是混沌理论，也是我们说的运气使然。宽探索策略有助于企业更早发现新的机会，跳出局部最优的困境。

实验结果给我们的启发是：

①行业发展的早期，公司应该关注宽探索策略。身处复杂环境的企业更应该广泛探索未来技术的发展方向和场景应用，而不是提高利用效率。

②公司不应过早地追求盈利、营业额、市场份额等所谓确定性指标。适度的效率才是合理的。

③在新产品开发阶段，保持适度的变通和灵活性非常重要，而不是上来就追求产品良率。

④只有两种情况企业才应该关注高利用策略。一种是在经营早期确实发现了确定性方向；另一种是在失去了增长动能的

发展后期。

◯ 然而一切并未结束

看到这里，你千万不要以为探索策略就一定完胜利用策略。问题回到了前面所说的战略法则的运用前提。Posen和Levinthal[①]利用多臂老虎机模型（multi-armed bandit）研究了动荡环境下的企业策略选择，也发现了一个反直觉的结论：在极度动荡的环境下，采取利用策略可能更适合。

多臂老虎机模型是用来研究如何在探索新信息和利用旧信息方面进行平衡的。模拟实验发现：

①当环境稳定时，采用探索和利用的均衡策略产出最高。这完全符合传统理论。

②当环境动荡但决策收益期望值中性（不变）时，环境的动荡不仅会影响原有知识的价值，也会影响新知识的积累。此时不一定要提高探索程度，充分利用旧知识的价值是更好的选择。

③当环境动荡但收益期望值非中性（向下或向上变化）时，

---

① POSEN H E, LEVINTHAL D A: "Chasing a moving target: Exploitation and exploration in dynamic environments", Management science, 2012年第58卷。

如果收益期望值上升，更多的探索有助于企业的业绩。反之，当期望值下降，则应该更多采取利用策略。

探索和利用的最佳平衡策略取决于环境变化的剧烈程度和预期收益变化的正负方向。公司要有能力根据环境变化对自己的策略、预算和组织结构进行合理且灵活的调整。

因此，权变法则是对所有之前法则的逆向思考。真正厉害的高手有能力对这些战略法则进行再思考，知道在什么情况下采用何种策略最为有利，而不是人云亦云。

[**个人未来规划指南**]

权变法则是帮助我们判断人的第六种武器。

佛教认为，我执是烦恼和痛苦的根源。尽管执着是创业者的基本素质，但企业家最怕的就是有错误的执念。一般人会优先选择曾经有效的策略，而忽视对环境的判断。当某种策略一时奏效，就被奉为圭臬，法不可变。这往往是由一些认知偏差造成的。比如，现状偏见，确认偏差等。这里要注意的是，存在即合理，认知偏差是人类在进化中产生并留存下来的。忽视或盲目否定认知偏差都是不对的，应该关注的是这些偏差带给我们的警示。

我们先看看都有哪些主要的认知偏差。在产权借贷公司TitleMax的网站上，Carly Hallman[1]帮我们列出了五十个认知偏见。他的文章头图作为公司广告转发后，还曾经被埃隆·马斯克点赞。

①基本归因错误（fundamental attribution error）：判断别人总是归因于基本的人格特征，而对自己的判断则归因于所处的情境。比如，下属业绩不好将其归咎于懒惰或能力差，而自己业绩不好时，则托词于外部环境。换句话说，我们倾向于将出现问题的人或事往更坏的方面考虑。这降低了试错成本，也是为什么第一印象如此重要，产品外观如此重要的原因。

②自利性偏差（self-serving bias）：人们容易将成功归因于自己，而将失败归咎于他人或外部因素。自利性偏差曾经帮助我们的祖先在竞争资源中获胜，但也会带来负面问题。任何失败总是要找到一个替罪羊。认清自利性偏差可帮助我们避免大的失误。比如，要加强客户使用产品时的操作培训，因为任何产品使用上的问题都可能被客户认为是产品设计和产品质量的问题。

③内群体偏爱（in-group favoritism）：人们倾向于将

---

[1] 50 Cognitive Biases to be Aware of so You Can be the Very Best Version of You | TitleMax: https://www.titlemax.com/discovery-center/lifestyle/50-cognitive-biases-to-be-aware-of-so-you-can-be-the-very-best-version-of-you/#:~:text=50%20Types%20of%20Common%20Cognitive%20Biases%201%20Fundamental, as%20opposed%20to%20an%20out-group.%20More%20items...%20

小群体内的自己人和群体外的人区别开来。比如，人们总是喜欢被特殊对待，小圈子让沟通更简单。因此，品牌往往会定义目标消费群体并建立一个特定的圈子和文化。

④花车效应（bandwagon effect）：个体试图与群体行为保持一致的趋向，类似羊群效应。想法、潮流和信念等的流行随着相信人数的增加指数增长。因此，所谓爆款产品往往需要在时间坐标的某些点上突破一定的阈值才能引发群体性跟随。这是可以被设计出来的。

⑤群体思维（group thinking）：在凝聚力高的群体内，人们倾向于使思维保持一致。这往往会导致不同意见的消失和发展出现很大的局限性。比如，微商群体。虽然他们效率高，不过在有效起盘拓展的同时也降低了公司进化与长期生存的可能性。这是由于公司内部的多样性被弱化。

⑥光环效应（halo effect）：人们因为一个突出的优点而忽视其他缺点；或者反过来，因为一个缺点而对优点视而不见。类似"一叶障目不见泰山"。尽管是一种偏见，但这确实给了还不完善的新技术和新产品机会。等待产品尽善尽美之后再推向市场往往让创业者失去时机。

⑦道德运气（moral luck）：人们会根据结果来进行道德判断。胜利者总是站在道德高地上，而失败者总是无耻的。类似中国人说的"成王败寇"。因此，如果做所谓坏事但能

起到好的结果，也是值得做的。比如，裁员降薪能带来公司的生存和发展，尽管会遭人唾骂也应该毫不犹豫地快速施行。如果公司能存活下来，大部分人都会感激你。

⑧虚假共识（false consensus）：人们总是相信大多数人会站在自己这边，尽管这未必是真的。虚假共识其实给了少数派的团队更多坚持的可能。如果没有少数人的坚持，人类社会就不会产生任何进步。

⑨知识的诅咒（curse of knowledge）：又被称为专家的盲点（前言中提到的认知偏差）。人们总是假设交流的对方拥有和自己一样的背景知识。这往往造成鸡同鸭讲。专业知识是用来排除圈外人的，能带来效率。但公司对内对外跨领域交换信息时往往需要沟通专家。比如，市场部专门负责产品的市场沟通，公关部负责公司的媒体沟通，人力资源部负责对员工的沟通等。

⑩聚光灯效应（spotlight effect）：人们往往放大了他人对自己行为或外表的关注，其实别人并没有那么在意。这可能是进化出来对抗基本归因错误的，但也会阻碍一部分人按照自己的意愿行动。

⑪可用性启发（availability heuristic）：人们依赖最先浮现在脑海中的信息做出判断。这给了我们及时利用最新信息的可能，但也往往会被商业信息所诱导。比如，公司使用

广告、陈列和促销活动进行立体和全方位的宣传，以达到信息覆盖的最大化，促进购买行为。

⑫防御性归因（defensive attribution）：人们出于保护自身的同理心，会同情被攻击者，而对攻击者加以指责。这很可能会造成不公平的情况出现。诱发同理心也是商业广告中惯用的手法。

⑬正义世界假说（just-world hypothesis）：人们会假设世界是公平的，善有善报，恶有恶报。这种偏见有助于维护公共秩序；而与之相违背的人或事总是引起人们极大的反感和争议。所以没有一个大人物会主动公开承认自己做过的坏事。

⑭素朴实在论（naïve realism）：人们认为自己看待事物客观真实，而其他人往往是无知和非理性的，并带有某种偏见。

⑮天真的愤世嫉俗（naïve cynicism）：人们认为自己看待事物客观真实，而其他人往往自私自利，并带有某种目的性。上面这两类偏见的出现是基于一种自我保护机制，自信可能就是这样产生的；但对于说服别人则变成了一种障碍，需要利用其他偏见来消除影响。

⑯福勒效应（forer effect）：又名巴纳姆效应。人会轻易相信一个模糊的描述特别符合自己，即使这种描述十分空洞。星座和算命往往就利用了福勒效应。利用福勒效应可以拉近人与人之间的距离。

⑰邓宁——克鲁格效应（dunning-kruger effect）：人往往越无知越自信；反之，懂得越多越不自信。自信与自欺很可能就是一回事。自信会给自身带来诸多的好处，尤其是处于劣势的情况下。有一些骗子会利用这个效应去欺骗那些无知的人。

⑱锚定效应（anchoring）：在做决策时，人们非常依赖收到的第一条信息进行判断。这和可用性启发很类似。人们往往会利用锚定效应报价和砍价。

⑲自动化偏差（automation bias）：人们往往相信自动化的反馈系统，有时候甚至会因为过于信任这些系统提供的纠偏建议而犯错。在自动驾驶技术还不成熟的时候，就过度依赖它是人的正常反应。车企需要提前设定应对策略。

⑳谷歌效应（google effect）：又被称为数字失忆症。人们常常记不住能被轻易搜索到的信息。上面这两个偏差是信息化时代带来的。人们对于人工智能和自动化系统的信任和依赖可能会带来一些灾难性的后果。如果从风险防控的角度看，一定的灾备还是需要的。比如，若网络支付系统崩溃，那些没有现金的人可能连饭都吃不上。

㉑电抗效应（reactance）：人们往往会做出与被告知应该如何相反的行为，尤其是在个人自由受到威胁的时候。这里有一个很私人的例子，是不是符合可以自己判断一下。我

在刷抖音的时候，经常被UP主告知"请不要划走"，而我听到后基本上都会立刻划走。反过来，如果被告知"请您马上划走"，我倒是会停下来听一听。

㉒确认偏差（confirmation bias）：人们会轻易找到并记住那些支持自己观点或与之相符的信息。

㉓回火效应（backfire effect）：与上一个相反，人们往往否认那些不支持自己观点的证据和信息。这两条提示我们，能同时在正反两个方向进行认真思考的人更有可能得出正确的结论。这是那些真正善于思考的人的特质。

㉔第三人称效应（third-person effect）：人们常常认为他人比自己更容易受到大众媒介的影响，从而低估自身所受的影响。应该这么说，其实我们每个人都会受到大众媒介的影响，只不过不同的人接收的媒体管道和形式不一样罢了。所以公司的媒体投放才会选择不同的渠道和方式去尽量覆盖更多的目标受众。

㉕信念偏差（belief bias）：人们认同某一推理或论据仅仅是因为其更支持符合自己观点的结论。这个偏差的背后体现了大多数人的非理性。少数人除外，说服他人往往不是靠理性和逻辑推理，而是诱发同理心。

㉖可用性级联效应（availability cascade）：又被称为虚幻真相效应。类似"三人成市虎"，被公众讨论得越多，

越被认为是真相。比如说，软性广告或内容营销往往以话题切入，引起公众的关注和讨论以达到宣传效果。

㉗衰落主义（declinism）：人们相信世道衰落，美化从前，认为过去比现在或未来更好。这类似怀旧主义，很可能是追求确定性，和对现在与未来的不确定性造成的。对新产品和新技术的推广要注意降低客户的不确定性。

㉘现状偏见（status quo bias）：人们倾向于让事情保持不变，一旦改变被认为是遭受了损失。所以老话说"放债如施，收债如讨""不要借给朋友钱"。借给朋友的钱要回来，别人会觉得是损失。类似地，很多公司在产品提价时会非常谨慎。有的公司宁愿缩小产品规格，也不愿意提价。

㉙沉没成本谬误（sunk cost fallacy）：人们在一件事情上投入得越多，越不想放弃。这样决策就会受到过去投入的影响，而不是根据当下实际的投入产出进行决策。

㉚赌徒谬误（gambler's fallacy）：人们认为过去发生的事件对未来事件的发生概率有影响。比如，赌大小。如果一直开出大的话，那么人们押注小的概率会更大。对于公司来说，上面这两个谬误已经不是问题。大部分决策都已经考虑到了沉没成本谬误和赌徒谬误。

㉛零风险偏差（zero-risk bias）：相对于大幅降低其他风险，人们很介意小风险的存在，希望将小风险降为0。这

是基于人的风险厌恶偏好。比如，人们会在电商平台上购买退货险，以及手机碎屏险。这些盈利险种推出的背后是人们的零风险偏好。

㉜框架效应（framing effect）：人们会对相同信息的不同表述做出不同判断。最通俗的例子就是卖鞋的故事。"糟糕，这个地方根本没有人穿鞋"和"太好了，这个地方还没有人穿鞋"涉及了不同的态度和如何说服他人的技巧。

㉝刻板印象（stereotyping）：人们往往会由于对群组的刻板印象而影响对个体的判断，从而失去准确性。为此，很多公司推出了多品牌策略。比如，为了摆脱低价的刻板印象，丰田公司为高端豪华品牌雷克萨斯建立了独立的销售渠道和服务体系，完全和丰田原有的体系区隔开，在北美市场成功地击败了奔驰和宝马。

㉞外群体同质性偏差（out-group homogeneity bias）：人们会高估外部群体的同质性和自身所在内部群体的差异性。所谓他们都一样，而我们不太一样。人们习惯给他人贴标签，并强调自身的独特性。商业中，如何通过产品为用户体现个性化和差异化值得思考。

㉟权威偏见（authority bias）：人们更容易被权威的意见所左右。这是公司请代言人的原因。不过，由于短视频行业的兴起，权威或意见领袖也出现了分散化的趋势。

㊱安慰剂效应（placebo effect）：人们由于相信从而使安慰剂产生部分效果。曹操的望梅止渴可以看作是安慰剂效应。医学上消除安慰剂作用的办法是对照双盲试验，而公司的决策同样需要考虑安慰剂作用的影响。

㊲幸存者偏差（survivorship bias）：人们只关注少数幸存者而忽视了大量的失败者，把偶然性当作了因果关系。人们在寻找模仿的偶像和标杆的时候往往会落入幸存者偏差的陷阱。商业上做大概率的事，成功的可能性会更高。

㊳精神活动过速（tachypsychia）：人们对时间的感知会因为精神和体力损耗而发生改变。比如，我们会发现，做消耗量大的运动时，时间变慢了；坐过山车的时候，时间变慢了。反过来，当轻松愉悦的时候，时间感觉变快了。因此，做消耗能量的生意要尽可能使人感觉到轻松愉快。

㊴琐碎法则（law of triviality）：人们为了避免面对复杂的问题，而将更多精力分配在那些低价值的琐碎事物上。因此，公司会通过KPI的设定引导员工完成主要的目标。个人成长要警惕琐碎事务带来的虚假满足感。

㊵蔡加尼克效应（zeigarnik effect）：人们对未完成工作的记忆优先于已完成的工作。也就是说，人会对未完成的任务产生愧疚感。因此，公司制定的目标多半会高于员工能完成的也就不奇怪了。意犹未尽意味着我们需要没有被完全

满足的员工和客户，留些许遗憾而不是一次管够。

㊶宜家效应（ikea effect）：人们对亲身参与的工作的评价更高。这涉及到领导学。让员工参与讨论，共同制定目标和工作流程要远远好于直接分配任务给他们。

㊷本·富兰克林效应（ben franklin effect）：人们愿意帮助他人，且对自己帮助过的人更愿意给予付出。

㊸旁观者效应（bystander effect）：旁观者越多，人们越不愿意出手相助。在群体中，大多数人趋向于作为旁观者。为此，有专家曾建议，当人们需要帮助时，不要泛泛地求助，而是要针对具体人提出要求。这时，人们更不容易拒绝。

㊹暗示性效应（suggestibility）：人们（尤其是孩子）有时会把他人的暗示或建议当作自己的记忆。上面三个偏见是销售人员在推销过程中可能经常会用到的，它们涉及到提出建议和要求。

㊺虚假记忆（false memory）：人们有时会把想象当作自己的记忆，尤其是愉悦的。

㊻隐匿症效应（cryptomnesia）：人们有时会把记忆当作自己的想象，尤其是那些不快的记忆。人们对于记忆和想象的混淆，其实反映的是人逃避现实的一种趋向。这也是酒类和娱乐产业存在的原因。

㊼聚类错觉（clustering illusion）：人们针对随机数据拟

合出了相关关系。也就是说,把不相关的事情拉到一起而产生了错觉。大部分人都会有迷信的时候。某种现象的出现会让人感觉更走运。当然,这也会毫无疑义地被人所利用。比如陈胜吴广搞的鱼腹得书,篝火狐鸣;旅游景点卖的开光物品等。

㊽悲观偏见(pessimism bias):人有时会高估坏结果发生的概率。保险销售可能会利用它向你推销不合适的产品。

㊾乐观偏见(optimism bias):人有时会高估好结果发生的概率。上面两种偏见再次反映出人是感性的动物,而不是理性的动物。与其用理性说服人,不如用感性引导人。另外,就是要针对不同假设场景下的预测留有余地。

㊿盲点偏见(bland-spot bias):人们普遍认为自己不偏不倚,而认为他人存在偏见。也就是说,大多数人都看不清自己。这使得能洞悉认知偏见的人屡屡得手。

权变法则提醒我们,认知偏见是刻在基因里的。大多数的偏见是直觉反应,未必都是坏事。但遇事多和自己说句"不一定"能更有效地防止偏差的负面作用。能警惕偏见,不断反思自我的人,就是我们要成为或者去寻找的人。即便做不到审时度势,以权变相机而动,但如果善于识人成人,普通人也有机会搭上成功者的便车。

虽然识人是个需要一点天赋和经验的技术活儿,但如果了解一点权变法则,可能会对我们有所帮助。

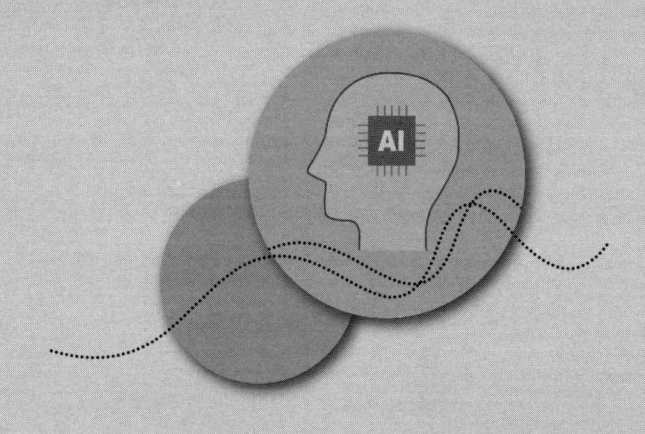

第22章
AI化法则

　　未来已来，将至已至。人工智能的发展预示着其必然成为未来重要的战略管理工具。通过多智能体的计算机模拟，我们已经能够为新理论提供例证，测试战略的局部均衡点，发现新观点，交流新想法。AI应用尤其适合于战略性新兴产业的发展。

◯ AI与多智能体

威廉·吉布森的赛博朋克小说《神经漫游者》虚构了一个关于未来的故事。人工智能大脑"冬寂"雇佣人类小队,经过一系列谋划和操作,最终将自己和另一个有情感意识的人工智能"神经漫游者"融合,突破图灵限制,成为拥有人性灵魂的超级AI。

科幻小说不仅仅提供娱乐,还为我们描绘了将来的种种可能。在人工智能与机器学习高速发展的今天,未来的CEO会被AI代替吗?战略管理又会如何发展?使用计算机进行模拟和辅助决策成了战略领域一个非常值得关注的话题。

计算机模拟在管理方面的应用已经很寻常。比如,用于金融风控领域的蒙特卡洛模拟。蒙特卡洛模拟属于静态模拟,也就是在一个时点上依据概率分布模拟可能的结果。对于时间序列上的动态模拟也有对应的技术用于传统的库存——订购和服务台等待线等项目。在战略管理领域,计算机模拟的应用也已经很普遍。我们前面介绍的很多实验都运用了计算机辅助。

提到计算机模拟，就必须引入智能体agent这个概念。agent原义指在经济活动中被授权代表委托人的代理人。后来被借用到人工智能和计算机科学领域，用来描述计算机软件的智能行为，被称为智能体。

单智能体individual-based models（IBMs）建立的模型又被称为agent-based model（ABM），其目标是解释个体表现出来的集体行为。这些个体本身仅遵循简单的规则，通常被用来研究自然系统或者解决具体的工程问题。

多智能体系统（multi-agent system，MAS）是分布式人工智能（distributed artificial intelligence，DAI）的一个重要分支。多智能体系统是多个自主的智能体组成的集合。其中agents可以代表不同的个人或组织，采用不同的设计方法和计算机语言开发，可能是完全异质的，没有全局数据，也没有全局控制。作为一个开放系统，agents的加入和离开都是自由的，通过互动协调他们的能力和目标以求解单个agent无法解决的问题。

现实世界中，可以将个体或组织视作智能体，每个智能体按照其本质属性赋予其行为准则。在一个活动空间中，agents按照各自的规则进行行动。最后随着时间的变化，系统会形成不同的场景。这些场景可以辅助人们进行判断、分析现实世界中无法直接观察到的复杂现象。多智能体系统被用于解决ABM模型以及单层系统难以解决的问题。

多智能体系统引入了复杂适应系统（CAS）和自适应组织的理论。复杂适应系统理论是现代系统科学的一个新的研究方向。系统元素变活了，变主动了，成为了具有适应能力的主体。我们可以通过这些主体和环境的互动作用去认识和描述复杂系统行为，用仿真重现真实世界的复杂现象。

多智能体战略模拟

现代管理学者早已经开始研究多智能体在战略管理方面的应用。

Page 和 Ryall[1]利用景观地形提出了一套整体的计算机模拟框架。他们认为，战略决策的难度取决于困难度（difficulty）、不确定性（uncertainty）和复杂性（complexity）。下面是景观地形和这三个方面的对比：

地形范围的大小对应困难度。

地形崎岖度的变化对应复杂性。

海拔高度的不确定性对应结果的不确定性。

---

[1] PAGE S E, RYALL M: "Does strategy need computer experimentation?", advances in strategic management, 1998年第15卷。

如前面几章所述，战略决策的难度造成公司或许只能达到次优高度，而不是全局最优。能否达到最优受制于战略管理流程：流程与地形越契合，越有可能达到峰顶。通俗地说，战略流程更像是一本地形指南。指南提供的探索模式（算法）与地形越相符，就越有可能让公司走上顶峰。这里还有一个要注意的地方：战略景观地形是非静态的non-stationary，会发生变化。竞争者间的博弈会改变景观地形。

公司战略管理的目的在于使自身达到最高峰，同时使对手的战略景观地形更为崎岖rugged。

Page和Ryall提出的战略模拟框架包括以下几个部分：

①问题域（problem domain）。指战略方案的集合，数量可以是无限的，也可以是有限的。

②目标备选（objective function）。指从战略方案中筛选出来的，符合预期目标的集合。

每项公司的价值创造活动都可以带来一个特定的价值（地形高度）。不同的价值活动组合在一起，互相作用就形成了战略方案的组合。这与符合企业目标的备选集合（能达到局部或全局顶点）一起构成了战略景观landscape。其复杂程度决定了地形是崎岖还是平滑。价值理论是计算机模拟的量化基础。

③探索过程（search procedure）。指公司为了探索地形，对

战略方案进行选择的过程。这是一个时间序列上的动态过程，对候选方案进行取样，并依据得到的新信息进行修正。可以理解为公司的战略管理过程，外在表现为战略行为。通俗地说就是，东南西北，该往哪个方向走，采取什么算法。

④方案路径solution path。指结合战略景观和探索过程获得的价值轨迹。这可以确定价值最大化的最终战略。

最好的战略是能够用最少的步骤达到顶峰的那些方案。探索过程（search procedure）和战略景观（landscape）要能实现最佳匹配。

这里要注意：客观战略景观（objective landscape）是唯一的潜在解决方案的全局图景，是我们看不到的。主观战略景观（subjective landscape）是管理者能预料的选择。每个公司所处的行业、境况和维度不同；不同公司的战略偏好（有的公司激进，有的公司谨慎）和战略选择的范围也不同。因此，每个公司的主观战略景观是不同的，并且会随着时间的推移而改变。这很好理解。有限理性下，公司的主观战略景观受内外部信息的影响，逐步进化为适应性景观（adaptive landscape）。适应性景观既可以是决定性的（只有一个最优估计值），也可以是概率性的（仅得知概率分布）。这时，公司的竞争地位相对稳定了下来。

寻找搜索过程（search procedure）和战略景观（landscape）

的最佳匹配是框架中的核心步骤。

步骤一：研究者先对战略景观依据三个维度进行分类。

①计算难度（computational difficulty）：难度取决于决策范围空间大小和局部最优解的数量，即地形的崎岖度（ruggedness）。很少有技术创新者能看到发展的全局，太多变量非线性互动。景观越崎岖，对于路径的依赖和波动性就越强。此种情况下，成功更多地要靠发展趋势和运气，而与公司实力或竞争对手无关。所以，对于特别简单或特别复杂的行业来说，保密的重要性比较低，而难度中等的行业保密性更重要。让我们想想那些纷纷开源AI算法平台的大公司，就能理解其中一二。

②复杂性（complexity）：指战略景观形态发展的可预测性。复杂性越高则地形变化越无法预测。环境变化和竞争者的行为都会改变战略景观。这造成了预测的困难。

③随机深度（stochastic depth）：这里指不确定性。外部随机事件的影响越大，不确定性就越高。

注意这里的分类和我们前面介绍的战略决策难度是一一对应的，可以看作是一种细化。

在这三个维度上的不同组合，形成了不同的战略景观。景观地形对于行业中的竞争状况和玩家的利益分配都有影响。而公司价值不但受景观地形的影响，也受制于战略管理流程。山势如何，爬哪条路，都决定了你能到达的高度。

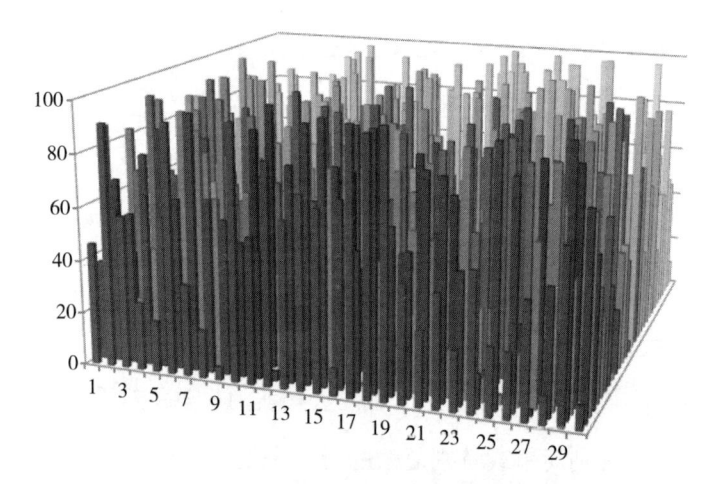

图9　随机状态下崎岖的战略景观地形

步骤二：依据地形，寻找合适的探索过程（算法）。

①在相同的战略景观（landscape）下，如果发展路径相同，则探索过程（search procedure）和方案路径（solution path）也相同。通俗地说，相同战略地形和相同战略行为达到的结果是一样的，可以归为一类管理。这很容易理解。要爬的山和走的路线一样，最后到达的高度肯定也是一样的。这里地形高度的量化，可以通过净现值法NVP进行评估。这为量化战略管理提供了一个基础。举个例子，公司发现目前简单的景观地形下，对业内战略顶峰peak的量化确定性很高，探索过程（search procedure）清晰单一，不用浪费太多战略管理资源。那么当公司面对类似的地形和探索路径时，就可以采取同样的策略。

②对于那些计算困难、不确定性大和复杂度高的地形，长

跳变得非常重要。战略探索要能符合战略景观地形，否则公司很容易会被困在局部最优上。

上面介绍的分析框架只是多智能体战略模拟的方法论之一。其他还有不少，例如之前讲过的被广泛应用的价值创造模型和NKC模型。不同情境下，使用的方法和工具也不一样。

战略模拟的适用性

那么在什么情况下，战略问题最需要量化分析呢？

Page和Ryall用信息经济学的两个维度进行了矩阵描述，它们是信息的同（异）质性与传播的内生性。信息的同质性反映了业内玩家之间的差异大小，而传播的内生性（高低）反映了是否容易被对手仿效。

	内生性低	内生性高
信息异质性高	信息泡沫 information bubbles	信息蚂蚁 information ants
信息异质性低	信息太阳 information sun	信息格栅 information lattice

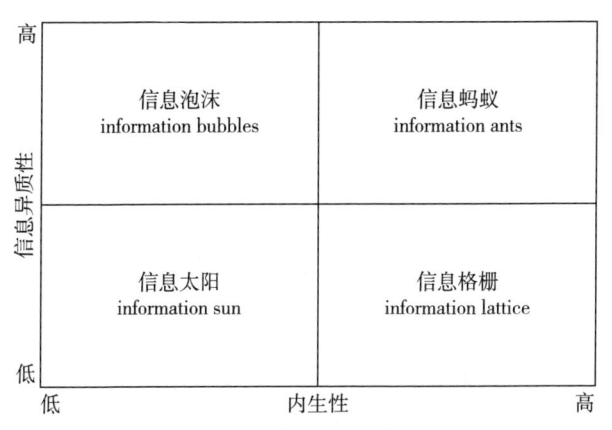

图10　经济信息学维度矩阵

左下角信息太阳（information sun）象限内，信息同质化（对手间的起点相同）且内生性低（信息在外部广泛传播），获取超额利益的时间短。同质化、信息壁垒低，竞争激烈的市场中，短暂的优势取决于探索成本search cost的高低。较高的成本可以延长对手的跟进时间。

左上角信息泡沫（information bubbles）象限内，信息差异化高（对手间的起点不同）但信息传播同样很快。在差异化但信息壁垒低的市场中，竞争者会竞相模仿增加收入，超额收益的维持取决于对手复制的速度。

右下角信息格栅（information lattice）象限中，同质化（起点相同）但信息内生性强（信息很难传递到外部）。在同质化但信息壁垒较高的市场中，公司获取的价值取决于自身的战略付出。投入较多的公司可以获得一定的领先优势；

右上角信息蚂蚁（information ants）象限，信息异质性高（起点不同）且信息内生性强（信息很难传递到外部）。在差异化且信息壁垒较高的市场中，公司发展的路径依赖性非常高，会形成一个未知地形的新领域territory。这个领域非常适合应用计算机模拟。

由于公司战略的问题域（problem domains）范围广，竞争优势相对、动态且很容易消失，因此计算机模拟的优势在于：不但可以低成本探索未知的战略，更可以快速适应战略环境的改变。这让它非常适用于困难度、不确定性和复杂性高的环境，也就是我们最关注的高科技新兴产业。

传统的战略研究方法有两种，演绎法和归纳法，分别依据逻辑和数据进行战略推理。计算机模拟可以作为传统方法的补充手段。计算机模拟利用智能体，在初始假设中设置参数、行为规则、互动规则和事件时间等，对复杂环境的适应行为进行动态模拟。和传统的分析方法最大的不同在于它可以克服所谓"卢卡斯批判"，即传统的战略规划方法没有考虑到策略对人的影响。通常，一旦一种策略奏效，被人竞相采用，那么效果很快就会消失。而计算机模拟可以摆脱这个问题，这是它的另一个优势。

当然，战略的计算机模拟还面临诸多问题。首先，总存在一些状况是无法量化处理的，就像弗兰西斯·培根的名言所述，"没有任何极致之美，在其结构中不会呈现奇异性"。奇异性（singularity）是数学上的概念，意思是在数学上无法处理、没有意义。此外，诸如混沌系统使初始量极为重要；不同量化模型的结果可能不同；太多变量掩盖了关系的偶然性（仅有相关性，无因果关系，无理论支持）等问题都会使计算机量化模拟存疑。尽管如此，这仍是一个有意思的研究方向，并能带来很多好处。比如，为新理论提供例证；测试局部均衡点；发现一些新观点；作为交流想法的工具等等。

当然，目前的水平离真正的超级AI还有很漫长的路要走，

CEO们可以暂时把心放下。不过，考虑到未来技术发展的指数速度，我们对人工智能应始终保持敬畏。AI化法则提醒我们：战略管理不能脱离计算机的帮助。要改变对战略的底层认知仅仅依赖直觉与思考是远远不够的。

[个人未来规划指南]

1519年，葡萄牙人麦哲伦奉西班牙国王查理一世之命，率船队在世界上第一次尝试进行环球航行。尽管麦帅和旗舰"特立达尼"号再也没有归来，但他的船队却最终证明了地球是圆的。

与此类似，人工智能的出现对人类世界的改变一样意义重大。身处信息和数据化时代，弱AI的应用越来越广泛。也许有一天，我们会证明人类能造出比自己更聪明的机器人。

从图灵时代到目前所处的第三次人工智能浪潮，技术进步不是持续的，总是存在很多发展瓶颈。一项新技术或科学发现总要等到与之匹配的整个系统相对完善后，才会产生突破性进展。从哥伦布的地理大发现、瓦特的蒸汽机到斯蒂芬逊的铁路机车莫不如此。

科技背后最重要的推动力量是资本。尽管如此，资本爆发和市场应用大爆发之间存在的时间间隔让泡沫从兴起到破裂，循环往复。也许泡沫的作用就是用来实现优胜劣汰的。

最终，百年或千年未有之大变局一定会改变人类社会的各个方面。按照加道来雄[①]对科技发展的描述，开始阶段可能是在学术或军事领域，后面才是工业和消费部门。面对大众市场，决定一项技术生死的是人性。几十万年前，刻印在基因里的穴居人的本质决定了我们对事物的选择和判断。技术始终要服务于人，服务于市场。反过来，革命性技术也一定会改变人们生活的方方面面。从人口、寿命、环境、经济、社会管理到人的思想。因此，人工智能应用一旦普及，整个社会结构和社会文化的变革就会被打开。

面对趋势，我们只有两个选择：去适应或者被淘汰；而优秀的组织与领导人只有一个选择。这也是协助我们判断人和组织发展的第七种武器。

尽管路就在眼前，但有的人或许仍有怀疑："强人工智能时代真的会到来吗？"这让我想起了一个故事。

从前，有一个人问神父：上帝是万能的吗？神父回答说：是的。那人接着问道：那上帝能造出一个他也无法举起来的物体吗？

听完这个故事，我们要记住：人不是万能的。

---

① 加道来雄［美］：《2100科技大未来：从现在到2100年，科技将如何改变我们的生活》，时报出版社2018版。

> 到这里,我们的二十二条战略法则就讲完了。所谓战略就是做正确的事。战略存在的目的是让战术不会走偏。但仅凭借战略根本无法让你获得成功,因为成功是每天的日积月累。在国际象棋中,有一个类似的说法:90%的问题都是战术问题。
>
> 修炼自身,道阻且长。

参考文献

[1] WERNERFELT B.A Resource-based View of the Firm[J]. Strategic Management Journal, 1984, 5(2): 171-180.

[2] BARNEY J. Firm Resources and Sustained Competitive Advantage[J]. Journal of Management, 1991, 17: 99-120.

[3] CHATAIN O, ZEMSKY P.Value Creation and Value Capture with Frictions[J]. Strategic Management Journal, 2001, 32(11): 1206-1231.

[4] WILLIAMSON O E.The Economics of Organization: The Transaction Cost Approach[J]. The American Journal of Sociology, 1981, 87(3): 548-577.

[5] RUBIN P H. The Expansion of Firms[J]. Journal of Political Economy. 1973, 4: 936-949.

[6] CSASZAR F A, LEVINTHAl D A. Mental Representation and the Discovery of New Strategies[J]. Strategic Management Journal, 2005, 37(10): 2031-2049.

[7] KNUDSEN T, LEVINTHAL D, WINTER S G. Systematic Differences and Random Rates: Reconciling Gibrat's Law with

Firm Differences[J]. Social Science Electronic Publishing, 2017, 2(2): 111–120.

[8] 林玮，于永达. 数字经济领域投资潮涌与产能过剩机制：共享单车案例［J］.甘肃行政学院学报，2019（02）：116-125.

[9] FLEMING L, SORENSON O. Science as a map in technological search[J]. Strategic Management Journal, 2000, 25(8/9): 909–928.

[10] ADNER R, LEVINTHAL D. Demand heterogeneity and technology evolution: implications for product and process innovation[J]. Management science, 2001, 47(5): 611–628.

[11] ADNER R, ZEMSKY P. A demand-based perspective on sustainable competitive advantage[J]. Strategic management journal, 2006, 27(3): 215–239.

[12] BRANDENBURGER A M, STUART JR H W. Value-based business strategy[J]. Journal of economics & management strategy, 1996, 5(1): 5–24.

[13] BRANDENBURGER A, STUART H. Biform games[J]. Management science, 2007, 53(4): 537–549.

[14] MACDONALD G, RYALL M D. How do value creation and competition determine whether a firm appropriates value?[J].

Management Science, 2004, 50(10): 1319-1333.

[15] TEECE D J, PISANO G, SHUEN A. Dynamic capabilities and strategic management[J]. Strategic management journal, 1997, 18(7): 509-533.

[16] 尼尔·弗格森. 西方的衰落[M]. 米拉, 译. 北京: 中信出版社, 2013.

[17] MAKADOK R. Toward a synthesis of the resource-based and dynamic-capability views of rent creation[J]. Strategic management journal, 2001, 22(5): 387-401.

[18] ADEGBESAN J A. On the origins of competitive advantage: Strategic factor markets and heterogeneous resource complementarity[J]. Academy of management review, 2009, 34(3): 463-475.

[19] PACHECO-DE-ALMEIDA G, ZEMSKY P. The timing of resource development and sustainable competitive advantage[J]. Management science, 2007, 53(4): 651-666.

[20] DE FONTENAY C C, GANS J S. A bargaining perspective on strategic outsourcing and supply competition[J]. Strategic Management Journal, 2008, 29(8): 819-839.

[21] 百度百科. 双重边际化[EB/OL]. [2023-01-28]. https://baike.baidu.com/item/%E5%8F%8C%E9%87%8D%E8%BE%B9%E

9%99%85%E5%8C%96/4593416?fr=aladdin

[22] LIPPMAN S A, RUMELT R P. Uncertain imitability: An analysis of interfirm differences in efficiency under competition[J]. The bell journal of Economics, 1982: 418-438.

[23] MD RYALL. causal ambiguity, operating complexity and strong capability based advantages[J]. Academy of Management Annual Meeting Proceedings, 2006, 2006(1): EE1-EE6.

[24] REED R, DEFILLIPPI R J. Causal ambiguity, barriers to imitation, and sustainable competitive advantage[J]. Academy of management review, 1990, 15(1): 88-102.

[25] GALLAROTTI G M. Soft power: what it is, why it's important, and the conditions for its effective use[J]. Journal of Political Power, 2011, 4(1): 25-47.

[26] CHATAIN O, MINDRUTA D. Estimating value creation from revealed preferences: Application to value-based strategies[J]. Strategic management journal, 2017, 38(10): 1964-1985.

[27] HANNAN M T, FREEMAN J. The population ecology of organizations[J]. American journal of sociology, 1977, 82(5): 929-964.

[28] LEVINS R. Theory of fitness in a heterogeneous environment. I. The fitness set and adaptive function[J]. The American

Naturalist, 1962, 96(891): 361-373.

[29] CRAMER, F. Chaos and Order: The Complex Structure of Living Systems[M], New York: VCH, 1993.

[30] 百度百科. 耗散结构理论[EB/OL]. [2023-01-28]. https://baike.baidu.com/item/%E8%80%97%E6%95%A3%E7%BB%93%E6%9E%84%E7%90%86%E8%AE%BA/1138452?fr=aladdin

[31] KAUFFMAN S A. The origins of order: Self-organization and selection in evolution[M]. Oxford University Press, USA, 1993.

[32] WRIGHT S.The Roles of Mutation, Inbreeding, Crossbreeding and Selection in Evolution[J]. Proceedings of the Sixth International Congress on Genetics, 1932: 356-366.

[33] MCKELVEY B. Avoiding complexity catastrophe in coevolutionary pockets: Strategies for rugged landscapes[J]. Organization Science, 1999, 10(3): 294-321.

[34] SOLOW D, BURNETAS A, TSAI M C, et al. Understanding and attenuating the complexity catastrophe in Kauffman's NK model of genome evolution[J]. Complexity, 1999, 5(1): 53-66.

[35] RIVKIN J W, SIGGELKOW N. Patterned interactions in complex systems: Implications for exploration[J]. Management science, 2007, 53(7): 1068-1085.

[36] ETHIRAJ S K, LEVINTHAL D. Modularity and innovation in complex systems[J]. Management science, 2004, 50(2): 159-173.

[37] SIMON H. The architecture of complexity. Proceedings of the American Philosophical Society[J]. Garud R., Kumaraswam Y A. et R.-N. Langlois, 《Managing in the modular age》(2003), Blackwell Publishing, Oxford, 1962: 15-38.

[38] ETHIRAJ S K, LEVINTHAL D. Bounded rationality and the search for organizational architecture: An evolutionary perspective on the design of organizations and their evolvability[J]. Administrative Science Quarterly, 2004, 49(3): 404-437.

[39] SIGGELKOW N, RIVKIN J W. Speed and search: Designing organizations for turbulence and complexity[J]. Organization Science, 2005, 16(2): 101-122.

[40] 大前研一. 策略家的智慧[M]. 黄宏义, 译. 北京：中国友谊出版公司, 1985.

[41] RYALL M D. Subjective rationality, self-confirming equilibrium, and corporate strategy[J]. Management Science, 2003, 49(7): 936-949.

[42] Holland J H. Adaption in Natural and Artificial Systems[M]. University of Michigan Press, USA, 1975.

[43] STINCHCOMBE A L. Social structure and organizations[M].

Economics meets sociology in strategic management. Emerald Group Publishing Limited, London, England, 2000, 17: 229-259.

[44] LEVINTHAL D A. Adaptation on rugged landscapes[J]. Management science, 1997, 43(7): 934-950.

[45] March J G. Footnotes to organizational change[J]. Administrative science quarterly, 1981: 563-577.

[46] GAVETTI G, RIVKIN J W. On the origin of strategy: Action and cognition over time[J]. Organization Science, 2007, 18(3): 420-439.

[47] 百度百科. LYCOS[EB/OL]. [2023-01-28]. https://baike.baidu.com/item/LYCOS/7144915?fr=aladdin

[48] LEVINTHAL D, POSEN H E. Myopia of selection: Does organizational adaptation limit the efficacy of population selection?[J]. Administrative science quarterly, 2007, 52(4): 586-620.

[49] FANG C, LEVINTHAL D. Near-term liability of exploitation: Exploration and exploitation in multistage problems[J]. Organization Science, 2009, 20(3): 538-551.

[50] POSEN H E, LEVINTHAL D A. Chasing a moving target: Exploitation and exploration in dynamic environments[J]. Management science, 2012, 58(3): 587-601.

[51] TitleMax. 50 Cognitive Biases to be Aware of so You Can be the Very Best Version of You[EB/OL]. [2023-01-28]. https://www.titlemax.com/discovery-center/lifestyle/50-cognitive-biases-to-be-aware-of-so-you-can-be-the-very-best-version-of-you/#:~:text=50%20Types%20of%20Common%20Cognitive%20Biases%201%20Fundamental,as%20opposed%20to%20an%20out-group.%20More%20items...%20

[52] PAGE S E, RYALL M. Does strategy need computer experimentation?[J]. advances in strategic management, 1998, 15: 299-326.

[53] 加道来雄［美］. 2100科技大未来：从现在到2100年，科技将如何改变我们的生活［M］. 高雄：时报出版社，2018.